【陈博士说园林】

挺有
意思
的

杭
州
西
湖
十
景

陈波
著

中国电力出版社
CHINA ELECTRIC POWER PRESS

内 容 提 要

西湖山水呈现出中国山水画的典型审美特性，产生了诗情画意的审美理念。"西湖景观"承载了历朝历代各阶层人士的审美需求，并在中国"天人合一""寄情山水"的传统文化背景下，拥有了突出的"精神栖居"功能，是中国山水美学思想的永恒典范。西湖十景为创始于南宋，并持续演变至今的10个以诗意命名的系列景观单元：苏堤春晓、曲院风荷、平湖秋月、断桥残雪、花港观鱼、柳浪闻莺、三潭印月、双峰插云、雷峰夕照、南屏晚钟。

本书从"色、香、味"三方面介绍杭州西湖十景，把西湖美景与杭帮菜巧妙地结合起来，内容轻松有趣，融故事性与可读性于一体。

图书在版编目（CIP）数据

挺有意思的杭州西湖十景／陈波著．—北京：中国电力出版社，2023.10
ISBN 978-7-5198-8134-4

Ⅰ．①挺… Ⅱ．①陈… Ⅲ．①西湖－介绍 Ⅳ．① K928.43

中国国家版本馆 CIP 数据核字（2023）第 176442 号

出版发行：中国电力出版社
地　　址：北京市东城区北京站西街 19 号（邮政编码 100005）
网　　址：http：//www.cepp.sgcc.com.cn
责任编辑：曹　巍（010-63412609）
责任校对：黄　蓓　马　宁
装帧设计：王红柳
责任印制：杨晓东

印　　刷：北京盛通印刷股份有限公司
版　　次：2023 年 10 月第一版
印　　次：2023 年 10 月北京第一次印刷
开　　本：710 毫米 ×1000 毫米　16 开本
印　　张：14
字　　数：275 千字
定　　价：78.00 元

断桥残雪

平湖秋月

曲院风荷

双峰插云

苏堤春晓

柳浪闻莺

望山桥远眺双峰插云

三潭印月

锁澜桥近看三潭印月

花港观鱼

雷峰夕照

南屏晚钟

西湖十景意象
（杨翔 绘）

自序

作为大学老师，我给大一新生开设过《风景园林导论》课程，这门课的目的是"扫盲"，让刚刚进入风景园林专业的新生对学科和行业有总体性、概括性的认识，从而对学生未来的专业学习起到宏观指导作用。

每次上第一节课，我总会问同学们一个问题："请你们谈谈对风景园林的认识。"答案基本是千篇一律："栽花的""种树的""搞绿化的"……这让我心里拔凉拔凉的。

对于园林知识，报考风景园林专业的学生都懵懵懂懂，大众的普及程度就更加不容乐观！

现实问题摆在面前：生活的节奏越来越快，整日穿梭在"水泥森林"中，我们忽视了身边的许多美好——春天的鸟语清风、夏天的蝉鸣荷香、秋天的落叶缤纷、冬天的皑皑白雪……

热爱自然、向往自然，是人类的天性。当前，美丽中国、美好生活已成为人们物质相对丰富之后普遍追求的精神归宿。

园林，是现实生活中的桃花源。在园林中，人与自然能够和谐相处。

如果说，建筑给了我们遮风挡雨、御寒避暑的港湾；那么，园林则赋予我们生活的诗意与静谧。于是，我们都希望，守着一方向往的天地，寄情山水、摆弄花草、观鸟赏鱼，寻得内心的安宁，享受大自然的恩赐，让园林融入生活的点点滴滴。

但是，园林在古代是属于统治阶级和富贵阶级的私有财产，而当下越来越"高大上"的专业研究成果让曾经的桃花源离人们的日常生活越来越远。

中国是一个有着五千年文明史的古国，中国园林也有三千年发展历史，并被举世公认为"世界园林之母"。灿烂悠久的文化让我们感到荣耀的同时，常常又感觉有些虚无缥缈。除了园林史教科书上干巴巴的园林名称和建造朝代，我们又知道多少？和我们今天奔波忙碌的生活又有什么关系？

其实，园林的内涵和外延很宽广，用专业的语言来定义，"园林"是通过利用、改造自然山水、地貌，或者运用山、水、植物、建筑等园林要素进行人工构筑，从而形成的一个风景优美、环境清幽，便于游憩、居住或者工作，也兼作一些生产和宗教活动的宜人环境。

可见，园林既是具体的空间与场所，包含了亭台楼阁、山石路径和花木溪池，又是抽象的文化精神，表达了人生哲学、诗画意境和环境理想。这些物质文化和精神文化正与我们的生活息息相关。

在大力提倡传承发展中华优秀传统文化的今天，作为优秀传统文化代表之一的中国园林，必须打破"养在深闺人未识"的现状，通过广大从业者的不懈努力，拉近和大众之间的距离，并融入人们的日常生活之中，最终实现"让园林文化流行起来，让园林生活成为时尚"的目的。

因此，有了以"园林生活家""陈博士说园林"等新媒体矩阵，以及相关的系列公益活动、系列丛书……

作为丛书的第一部，《挺有意思的中国古典园林史》是在中国电力出版社曹巍老师的鼓励与帮助下开始创作的。第一次写科普读物，我难免有点诚惶诚恐，好在"手中有粮，心中不慌"，下笔也很从容，顺利完成出版。

中国古典园林几乎涵盖了中华文化的方方面面，是一部全景式的百科全书，博大精深，限于篇幅和体例，该书涉及的仅仅是冰山一角，而且很多内容都是点到即止，还不够全面、深入，因此，我心里总感觉对不起读者朋友们的厚爱，希望能尽快有所弥补。

于是，我开始着手创作"挺有意思系列"园林普及读物。

"挺有意思系列"丛书的写作方式，尽可能融故事性与可读性于一体，轻松有趣、通俗易懂；书中所介绍的知识点，尽可能融史实性与全面性于一体，原汁原味、包罗万象，既有对著名园林景观的介绍，也有对相关背景知识的论述；既有对传统园林案例的分析，也有对现代园林生活的借鉴……

为了让这套丛书早日与大家见面，我像打了鸡血，连日奔忙于查阅资料、构思、写作、配图，初稿完成之后，陆续在各大自媒体平台上推送，获得很多粉丝关注和点赞，并在此基础上调整结构、完善内容、修订文字、增绘插图，努力让它以最好的面貌呈现在大家面前。

"诗意的人生，是坚持做自己喜欢的事情。"每天用文字的形式给大家说说园林那些事儿，是我的小确幸！说实话，我尽力了，希望广大读者朋友能体会到我的用心。你们的满意，是我最大的追求；你们的鼓励，是我最大的动力，谢谢大家！

2023年8月
于杭州浙韵居

孤山寺北贾亭西，水面初平云脚低。

几处早莺争暖树，谁家新燕啄春泥。

乱花渐欲迷人眼，浅草才能没马蹄。

最爱湖东行不足，绿杨阴里白沙堤。

——唐·白居易《钱塘湖春行》

尊敬的读者朋友：

您好！从现在开始，陈博士将为您详细讲讲举世闻名的风景名胜——杭州西湖十景。

俗话说："上有天堂，下有苏杭。"提起杭州，我们首先会想到秀丽的西湖。早在1000多年前的唐朝，大诗人白居易就说过："未能抛得杭州去，一半勾留是此湖。"

杭州民间流传着这样一个有趣的故事——西湖是从天上掉下来的一颗明珠。

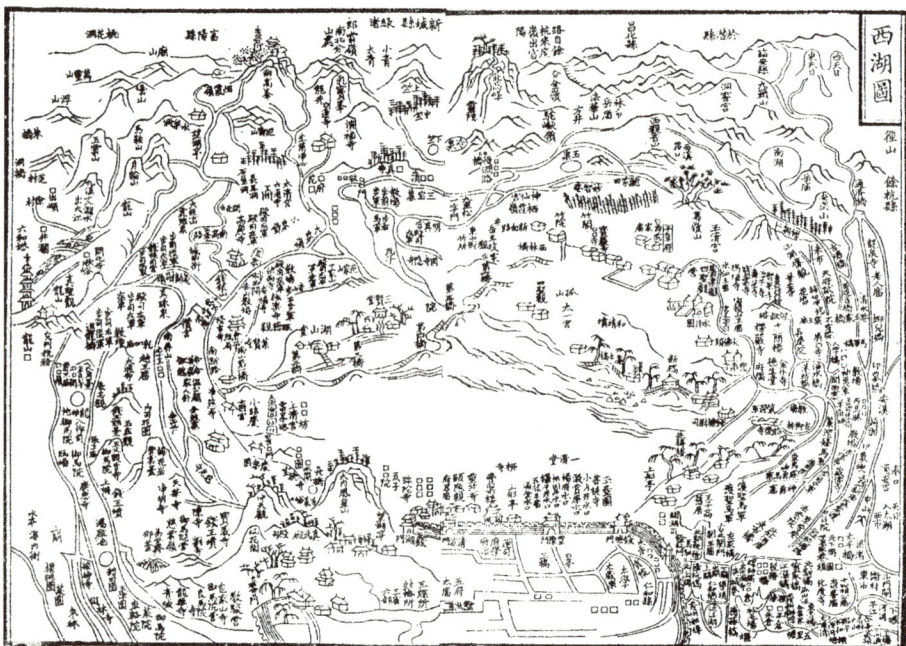

南宋·西湖图

相传很久以前，天河东边住着一条玉龙，天河西边住着一只彩凤。

有一天，它们来到一座仙岛上，找到一块亮晶晶的玉石。它们一个用嘴啄，一个用爪磨，一天又一天，一月又一月，一年又一年，终于把玉石琢磨成了一颗亮光闪闪的明珠。

这颗明珠的祥光照到哪里，哪里就山明水秀，百花盛开；这颗明珠的瑞气飘到哪里，哪里就五谷丰登，人人长寿。

这消息传到天上，被王母娘娘听到了，她羡慕得不得了，决定把这件稀世珍宝弄到手。

于是，她就派了两个天神，趁玉龙和彩凤熟睡的时候把明珠给偷走了。玉龙和彩凤发现明珠落在王母娘娘手里，非常气愤，就向她讨还。

但王母娘娘哪肯归还。一时间，双方扭作一团，抢了起来。混乱中，王母娘娘手中的明珠骨碌碌滚出了天宫，掉落凡间。

明珠一落地，霎时间就变成了清亮亮的西湖。玉龙和彩凤舍不得这颗明珠，也降临到人间，就幻化成为两座山，守护在西湖旁边。这就是今天西湖边上的玉龙山（即玉皇山）和凤凰山。

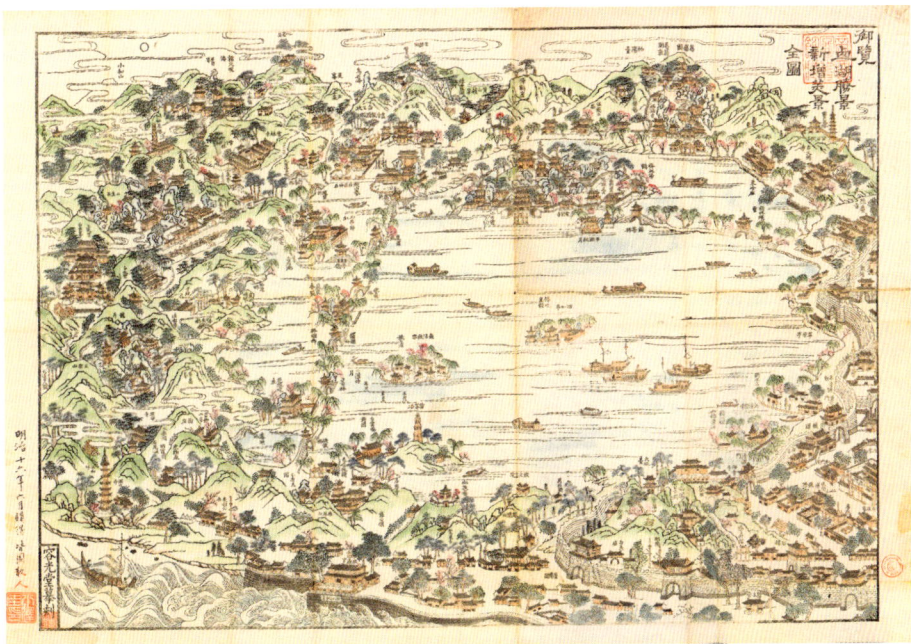

清·容光堂摹刻《御览西湖胜景新增美景全图》

009

直到今天，杭州还流传着两句古老的歌谣："西湖明珠自天降，龙飞凤舞到钱塘。"

这当然只是个美丽的神话传说。

北宋著名文学家苏东坡曾在诗中写道："水光潋滟晴方好，山色空濛雨亦奇。欲把西湖比西子，淡妆浓抹总相宜。"

于是，西湖又有了一个比作"美女西施"的美名——西子湖。那么，西湖为什么这样美呢？

总的来说，西湖的美不仅在湖，而且在山，西湖山水呈现出中国山水画的典型审美特性——朦胧、含蓄与诗意，产生了中国山水美学的最经典审美理念——诗情画意。"西湖景观"承载了历朝历代各阶层人士的各种审美需求；并在中国"天人合一""寄情山水"的中国山水美学文化传统背景下，拥有了突出的"精神栖居"功能。

在西湖为数众多的山水美景之中，源自南宋、闻名遐迩的"西湖十景"自然是出类拔萃的。

西湖是"自然与人类共同的作品"，春来"花满苏堤柳满烟"，夏有"红衣绿扇映清波"，秋是"一色湖光万顷秋"，冬则"白堤一痕青花墨"。名自景始，景以名传，故有"苏堤春晓""曲院风荷""平湖秋月""断桥残雪"等景名流传于世。名中有诗，名中有画，以题名艺术之美点化自然山水。

十处人文景观和自然景观完美融合的美景，使古往今来的中外宾客目不暇接，游兴难尽。置身其间，眼里的一切，都有山、有水、有景，如诗、如画、如梦。

这样美丽的西湖，难道不是一颗镶嵌在人间天堂杭州的璀璨明珠吗？

和美景一样，杭州的美食虽不追求浓郁，却总是恰到好处，正如"淡妆浓抹总相宜"的西子湖。杭州的美食有着与生俱来的杭州自然与人文交汇之美。

杭州的美食应景而生。宋代文学家欧阳修曾说："荷花开后西湖好，载酒来时。"景在，酒在，辅以一番美食就更锦上添花了。杭州的美食，吃的就是景中的兴致。

所以，走向世界的"杭州味道"，输出的不仅是现代餐饮的美食密码，也是精致和谐、大气开放的城市美景，还是东方韵味中江南文化的代表。

在这本书中，陈博士有一个创新，就是从"五光十色"这一特征的

角度去解读"杭州西湖十景",并将其与五道"杭帮菜"联系起来。

"五光十色":形容色彩鲜艳,花样繁多。出自南朝梁·江淹《丽色赋》:"五光徘徊,十色陆离。"具体哪五光、哪十色,众说纷纭。

因为"西湖十景"每一处都有着各自特色的景观,也就有着各自的代表色,因此我们赋予其"十色"——红、黄、蓝、绿、青、紫、金、黑、白、灰,并且两两组合后形成一组整体风貌,共五组,又呼应着"五光"——春光、波光、月光、天光、佛光。

至于美景与美食的联系与缘分,则正是从"五光"开始的。

杭帮菜,是浙江饮食文化的重要组成部分,属于浙江菜的重要流派,它与宁波菜、温州菜、绍兴菜等共同构成传统的浙江菜系。

杭帮菜的口味以咸为主,略有甜头。"清淡"是杭帮菜的一个象征性特点。特色菜品有西湖醋鱼、东坡肉、龙井虾仁、笋干老鸭煲、八宝豆腐等。

"西湖醋鱼"又叫"叔嫂传珍",这道菜不仅开胃,还因为它独特的美味就像水波反射出来的光——"波光"般闪闪发光,指引宋弟寻找到他嫂嫂。

"东坡肉"薄皮嫩肉,色泽红亮,味醇汁浓,酥烂而形不碎,香糯而不腻口,吃完自然让人满面"春光"。

"龙井虾仁"的食材"龙井茶"中含有较多的嘌呤碱,可以缓解疲劳,提高人的思维能力。可见,"龙井茶"正是可以让人重获"天光"的御茶,所以人们都喜欢喝龙井茶。

"笋干老鸭煲"是一道醇汤，喝完仿佛像"月光"轻洒的湖面，被月光罩上了一层轻纱，心中一片暖意，眼里一片光明。

"八宝豆腐"对病后调养、减肥、细腻肌肤很有好处。在佛教中，也都以"豆腐"等素食作为餐食。那以五光之一的"佛光"形容"八宝豆腐"再适合不过了。

杭州的美食，吃的是色泽卖相，吃的是食材的鲜嫩，吃的是余味留香，吃的是文化创意。美食就是从"色、香、味"这三点去品评的，那么"美景"呢？

美景也有着自己的"色、香、味"。"色"就是"卖相"，简而言之，就是外观，转化到美景中也就是"景点介绍"；"香"就是"气味"，特色会留下气息，影响人的感官，转化到美景中也就是"对其他园林的影响"；"味"是由"食材"即菜的内容组合决定的，转化到美景中也就是景点蕴含的"名人轶事"。

本书首次尝试从"色、香、味"三方面介绍杭州西湖十景，正如杭帮菜不仅是桌上那一道道色、香、味皆美的菜肴，"西湖十景"也不仅是西湖中的一个个景点，它更是杭州城向全世界发出的一张金光闪闪的城市名片，代表着杭州城强劲跳动的脉搏，代表着杭州源远流长的发展历史，让杭州更多地为国际友人所知晓。

主厨陈博士已经把五道美味佳肴准备就绪，请您接受我们的邀请，赶赴美景盛宴，从"色、香、味"来品尝"杭州西湖十景"吧！

诚挚期待您的光临！

"西湖十景"与"五光十色""杭帮名菜"对应表

十景名称	十景特色	十色	五光	五菜
苏堤春晓	桃柳堤桥	绿色	春光	东坡肉
柳浪闻莺	莺鸣柳舞	黄色		
曲院风荷	映天莲荷	青色	波光	西湖醋鱼
花港观鱼	红花红鱼	红色		
平湖秋月	皓月中天	蓝色	月光	笋干老鸭煲
三潭印月	三塔月影	灰色		
双峰插云	云峰穿雾	紫色	天光	龙井虾仁
断桥残雪	银装素裹	白色		
雷峰夕照	彩霞塔影	金色	佛光	八宝豆腐
南屏晚钟	钟声缭绕	黑色		

目录

开席

『诗情画意』的杭州西湖文化景观

祝酒词

『闻名遐迩』的西湖十景题名景观

上菜

『五光十色』的
西湖十景趣谈

甜点
饭后
『景观题名』的
正确打开方式

送客
端茶

开席

『诗情画意』的杭州西湖文化景观

湖上春来似画图，
乱峰围绕水平铺。
松排山面千重翠，
月点波心一颗珠。
碧毯线头抽早稻，
青罗裙带展新蒲。
未能抛得杭州去，
一半勾留是此湖。

——唐·白居易《春题湖上》

既然宾客都到了，那我们就赶快入席就座吧！

首先，让我为您介绍一下今天宴席的主题——杭州西湖文化景观。

杭州西湖文化景观（以下简称西湖景观）位于浙江省杭州市的城市中心区以西地带，分布范围3323公顷。

在一万多年前，西湖只是古海湾的一部分，后来因为泥沙淤塞，就与大海分隔开来。大约在东汉时期形成泻湖，潮水一退，它是个湖，潮水一涨，它又和大海连成一片，连湖的影子也没有了。

直到隋朝，西湖的形状才慢慢固定下来，真正形成湖的样子——一个默默无闻的湖。但由于泥沙沉积和历代豪强围湖造田，湖面遭到侵占而逐渐缩小。

为了给杭州城市发展和农田灌溉提供洁净的水源，中国历史上的一些伟大人物，如唐代杭州刺史李泌、白居易，吴越王钱镠，宋代杭州知州苏东坡，明代杭州知州杨孟瑛，还有清代的一些地方官员等，都曾组织民工、军士对西湖进行大规模的疏浚。

疏浚后的西湖渐渐露出她妩媚秀丽的丰姿娇容，也才构成现在西湖"三面云山一面城"的独特自然景色。

"天下西湖三十六，就中最美是杭州。"西湖的秀丽，不仅表现在她

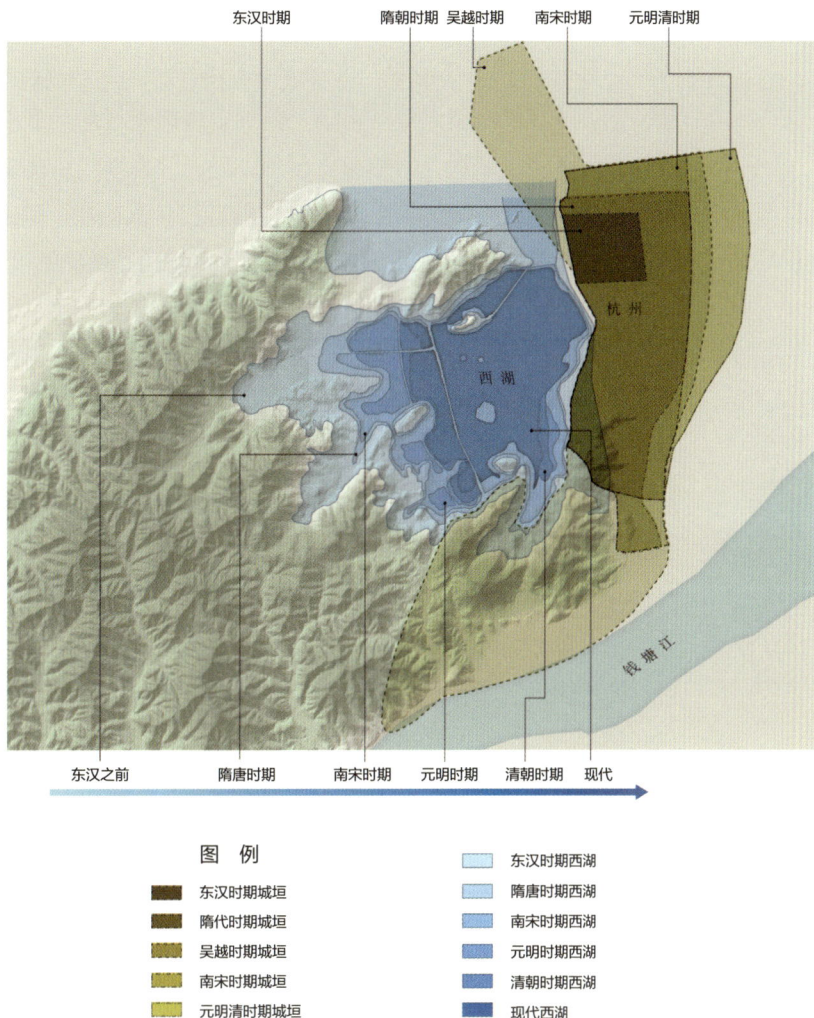

杭州城与西湖格局历史变迁图

东汉时期　隋朝时期　吴越时期　南宋时期　元明清时期

西湖

杭州

钱塘江

东汉之前　隋唐时期　南宋时期　元明时期　清朝时期　现代

图　例

东汉时期城垣
隋代时期城垣
吴越时期城垣
南宋时期城垣
元明清时期城垣

东汉时期西湖
隋唐时期西湖
南宋时期西湖
元明时期西湖
清朝时期西湖
现代西湖

　　的一泓碧水，在开阔处，天水相连，在狭小处，水波剪影，美不胜收；而且表现在环抱她的群山苍翠浓郁，层层叠叠，更令人陶醉。

　　不论是从东西南北，还是从上下左右各个角度来远眺或者近看西湖，她总是那样秀丽，或画面美，或诗意浓，更不用说灿烂的历史文化和精湛的艺术瑰宝，又给以西湖为中心的自然景观平添了几分灵气。

　　北宋著名词人柳永曾写下了《望海潮》一词，这样描写杭州西湖的美景：杭州地处东南方，地理形势优越，风景优美，是三吴的都会，这里自古以来就十分繁华。雾气笼罩着的柳树、装饰华美的桥梁，挡风的帘子、青绿色的帐幕，楼阁高高低低，大约有十万户人家。茂盛如云的树木，环绕着钱塘江沙堤，又高又急的潮头冲过来，浪花像霜雪在滚动，宽广的江面一望无涯。市场上陈列着琳琅满目的珠玉珍宝，家家户户都存满了绫罗绸缎，争相攀比奢华。里湖、外湖与重重叠叠的山岭非常清秀美丽。秋天桂花飘香，夏季十里荷花。（人们在）晴天欢快地吹奏羌笛，夜晚划船采菱唱歌，钓鱼的老翁、采莲的姑娘都嬉笑颜开。（孙何大人外出时，）成群的马队簇拥着高高的牙旗，缓缓而来，声势煊赫。他在微醺中听着箫鼓管弦，吟诗作词，赞赏着美丽的水色山光。日后把这美好的景致画出来，升官回京时好向人们夸耀。❶

　　这首词写的是杭州的风土人情，将那时杭州的繁华写得淋漓尽致。

　　传说柳永写这首词的初衷其实是为了"拍马屁"，当时的柳永仕途不顺，正好听闻两浙转运使孙何比较爱才，柳永就写了这首词，看似是写杭州的繁华，其实是侧面衬托出孙何的治理有方。而且当时孙何听到这首词还真的很受用，也有举荐柳永的打算。却不料转年孙何回京以后，还没来得及举荐柳永，自己却因病去世，最终柳永也就错失了这次当官的机会。

　　民间广为流传，金国皇帝完颜亮看到柳永的这首《望海潮》，大加赞赏，他发自内心地感叹杭州之美景与繁华，这无疑加剧了他迫切想要南征的决心，引发了金侵宋的战争，可以说这首词间接导致了北宋的灭亡。

　　这首词写出了西湖美丽的极致，它以秀丽的湖光山色、悠久的发展历史、深厚的人文内涵，

❶ 柳永《望海潮》原文为：东南形胜，三吴都会，钱塘自古繁华。烟柳画桥，风帘翠幕，参差十万人家。云树绕堤沙，怒涛卷霜雪，天堑无涯。市列珠玑，户盈罗绮，竞豪奢。重湖叠巘（yǎn，指大山上的小山）清嘉，有三秋桂子，十里荷花。羌管弄晴，菱歌泛夜，嬉嬉钓叟莲娃。千骑拥高牙，乘醉听箫鼓，吟赏烟霞。异日图将好景，归去凤池夸。

秀丽的西湖全景

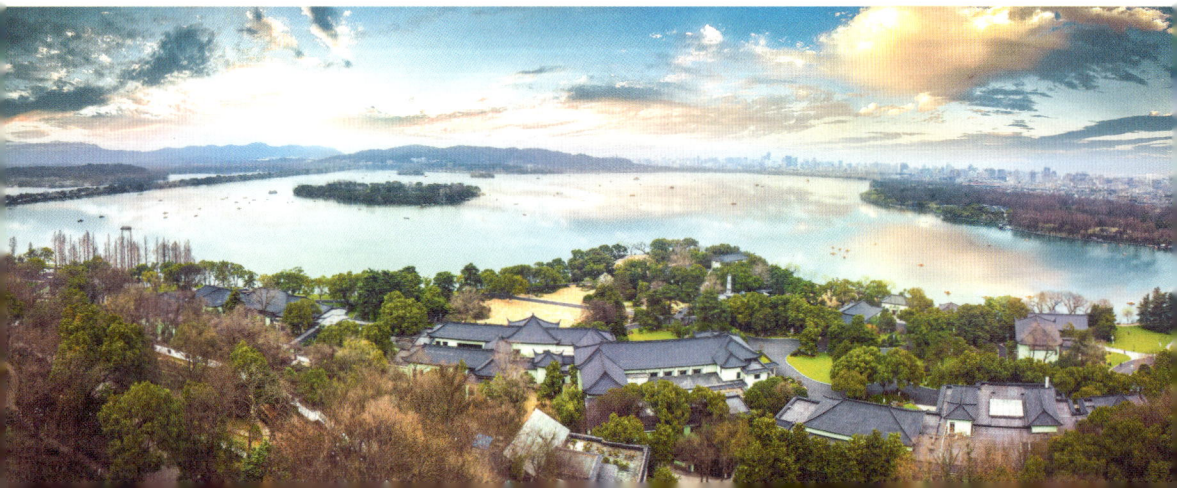

以及丰富的文化史迹闻名世界，是中国历史上最具有杰出精神栖居功能的"文化名湖"，也是享誉中外的"人间天堂"。

一、西湖文化景观的组成要素

作为价值独特的文化景观，"西湖景观"的价值载体主要体现在6个不同的方面：秀美的西湖自然山水，历史悠久的"三面云山一面城"的城湖空间特征，独特的"两堤三岛"及其构成的景观整体格局，最具创造性和典范性的系列题名景观——"西湖十景"，承载了中国儒释道主流文化的各类文化史迹，以及具备历史与文化双重价值的西湖特色植物——"四季花卉""桃柳相间"和"龙井茶园"。

这些不同的承载方面共同支撑了"西湖景观"的整体价值，同时也呈现出类型与属性的差异，成为"西湖景观"的6类基本组成要素。接下来，我们就具体来谈谈这6大组成要素吧！

（一）西湖自然山水

首先是西湖的自然山水，它是由外湖、小南湖、西里湖、岳湖、北里湖五片水域与环抱于湖的北、西、南三面丘陵峰峦组成的。它既是整个"西湖景观"基本的自然载体，也是景观的组成要素。

西湖的自然山水以"秀美"而著称，湖水与群山紧密相依。

这旖旎的湖光山色，不仅激发了中国古代文人无限的创作灵感，也成为中国山水画的重要题材，是历代诗词文学的描写对象。

在近千年的文明与文化发展影响下，西湖山水与堤岛、桥梁、亭台、楼阁等多种人工作品交融渗透，共同为"西湖景观"构成了山水优美、人文荟萃、内涵丰富的显著价值。

1. 西湖水域

西湖水域原来是与钱塘江相通的浅海湾，后来在长江和钱塘江挟带的大量泥沙冲淤下，逐渐变为泻湖。

大约在2600年前，由于泥沙的不断淤积，堵塞了湖与海的通道，又

图　例

☐　遗产区边界

Ⓐ　西湖十景

Ⓑ　西湖文化史迹

N

0　0.5　1　2km

使它演变成淡水湖泊。后来经过历代的人工疏浚治理，演变到了今天。

西湖湖体轮廓近似椭圆形，南北长3.3公里，东西宽2.8公里，湖岸周长15公里，水面面积6.5平方公里。湖底比较平坦，水深平均2.5米左右，最深处2.8米左右。

全湖被孤山以及人工建造的白堤、苏堤划分成外湖、北里湖、西里湖、岳湖、小南湖五个水面，各个小湖的水体又通过桥洞相互沟通，形成"湖中有湖"的格局，增强了水体景观的层次感和含蓄性。

西湖水域位于杭州城西，所以在城市水源补给、生态调节方面一直发挥着巨大作用，是人们历代在此栖息生活的保障。

透过柳丝眺望西湖山水

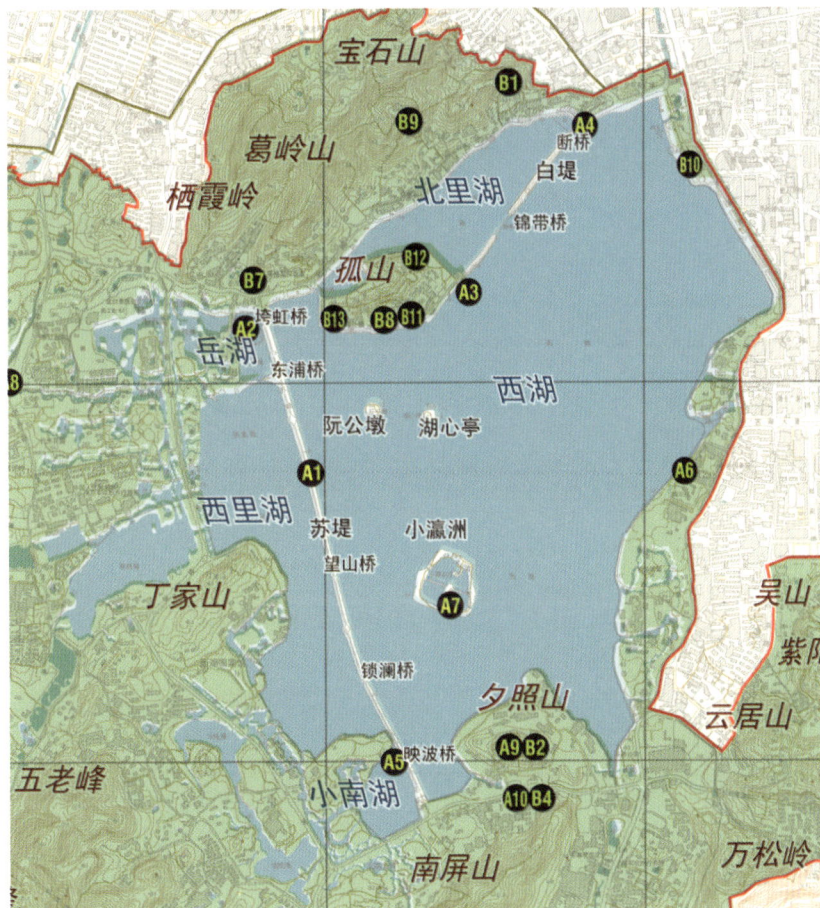
西湖水域分布图

宝石山

B1

B9

葛岭山

断桥 A4

栖霞岭

北里湖

白堤

B10

锦带桥

孤山 B12

B7

A3

跨虹桥

B13 B8 B11

A2

岳湖

东浦桥

B8

西湖

阮公墩 湖心亭

A1

西里湖

苏堤

小瀛洲

望山桥

吴山

丁家山

紫阳

A6

A7

锁澜桥

云居山

夕照山

五老峰

A5 映波桥

A9 B2

小南湖

A10 B4

南屏山

万松岭

如梦如幻的西湖山水

2. 西湖群山

西湖群山从西向东逶迤蜿蜒，呈马蹄形环布在西湖的南、西、北三面，层峦叠嶂，海拔高度从50米至400米逐渐增高，从而构成了"山外有山"的优美轮廓线。

整体山景舒展而蜿蜒，连绵而起伏，层次分明，与水面交相辉映，犹如一幅展开的美丽长卷。

西湖周围群山自湖岸由近到远逐渐升高，自然分成了三个层次。

西湖的山体呈现出小体量、多层次、低视角，天际线柔和委婉的特点，从而形成典雅、秀丽、舒展、清丽的空间格调。

在湖中看山景，视觉观看仰角在10°以内，比例尺度又恰到好处，使人很容易就融入山水之中了。

城湖空间格局（三面云山）

西湖群山概况

类别	要素成分	起始年代		要素分布地点
		公元纪年	地质年代	
南山峰峦系列	吴山、紫阳山、凤凰山、将台山、玉皇山、九曜山、南屏山、夕照山、青龙山、大慈山、大华山、五云山、狮峰山、天竺山、棋盘山、南高峰、丁家山等	约2.3亿年前	中生代三叠纪末	西湖之南、西南群峰
北山峰峦系列	孤山、葛岭山、将军山、灵峰山、北高峰、美人峰、龙门山、飞来峰、月桂峰、天马山等			西湖之西、西北群峰

3. 西湖自然生态

西湖地处中国东南丘陵边缘和亚热带北缘，属于北亚热带季风性湿润气候，光照充足，年均气温16.5℃，年均无霜期245天。常年四季分明，冬夏季风交替显著，雨量充沛。

西湖的气候条件增添了西湖山水的动态美，渲染了清秀、柔美、和谐的气氛，并使西湖生态景观呈现出丰富多样的特点。

西湖周边古树名木众多，而且大部分与宗教寺院密切相关，主要分布在灵隐、天竺、吴山以及孤山一带。树龄三百年以上的古树名木就多达126株，包括香樟、枫香、苦槠、银杏、楸树、珊瑚朴、龙柏、槐树、沙朴、蜡梅、花楸、黄连木等20个树种。其中，树龄最长的银杏已经有1400多岁啦！

这些古树名木陪伴着西湖，共同见证了西湖山区历史上植被茂盛、物种丰富的良好自然生态。

（二）城湖空间特征

西湖具有三面环山、一面临城的景观空间特征。

城湖空间格局（一面城）

　　群山以湖面为中心，层叠连绵地在北、西、南三面环绕着西湖，形状就好像马蹄一般；湖的东面是平坦的土地，坐落着具有两千多年历史的杭州城，呈现出湖裹山中、山屏湖外、城湖相依的特征，且历经沧桑都没有改变。

　　西湖山与水的空间尺度给人舒适、亲切的感受，既适于游览，又便于观赏，具有天生自然的精致和细腻；同时，依傍于湖山之侧的城市，与湖山形成了唇齿相依的亲密关系。

　　西湖的湖、山、城整体的景观空间特征，呈现出人与自然独特的整体感和亲和感。

　　西湖的山水空间所表现出的人与自然的和谐特征，高度契合中国文人士大夫的理想山水模式，而被历代推崇为反映中国山水美学思想的典型景观和山水人居的杰出典范。

（三）西湖景观格局

　　西湖景观格局，又称作"两堤三岛景观格局"。

　　它是由5处文物古迹——"白堤""苏堤"和"小瀛洲""湖心亭""阮公墩"，以及它们所构成的西湖水域的观赏和交通格局共同组成的。

　　其中，"两堤三岛"是历史上多次西湖疏浚工程不断增添营造而成的

苏堤　白堤

小瀛洲　湖心亭　阮公墩

西湖的"两堤三岛"

远眺西湖三岛

人工产物。

　　湖中苏、白两条纵横长堤与天然岛屿孤山将湖面分隔成大小不等的多个区域，三岛点缀其中，宛若瑶池仙境，象征了中国秦汉以来的"一池三山"神话仙境形象。

　　这种以堤岛分隔和组织空间的方式，融合了中国江南特有的湖堤景观风貌，是人类利用古潟湖创造幽雅环境的杰出范例。

　　它也是中国自然山水式景观设计的重要手法，既具有大尺度的审美观赏功能，又丰富了景观层次，突出体现了东方生态文化追求人与自然和谐求同的理念。

堤、岛格局成为西湖景观在中国和东亚影响与流传最为广泛的造园要素。

西湖景观格局概况

类别	要素成分	起始年代		要素分布地点
		公元纪年	历史年号	
两堤	白堤	822—824	唐长庆二至四年，白居易居官杭州期间	西湖北部水域
	苏堤	1090	北宋元祐五年，苏轼居官杭州期间	西湖西部水域
三岛	小瀛洲	936—944	五代后晋天福年间	西湖外湖西南部
	湖心亭	1090	北宋元祐五年	西湖外湖中心
	阮公墩	1809	清嘉庆十四年	西湖外湖中心

（四）西湖十景

至于本书的主角——西湖十景，它是创始于南宋，并持续演变至今的10个以诗意命名的系列景观单元：苏堤春晓、曲院风荷、平湖秋月、断桥残雪、花港观鱼、柳浪闻莺、三潭印月、双峰插云、雷峰夕照、南屏晚钟。

它们是世代传衍的特定观赏场所和视域范围，或依托于文物古迹、或借助于自然风光，呈现出系列型的观赏主题和情感关联，分布于西湖水域及其周边地带，属于中国原创的山水美学景观设计手法——题名景观。

它是留存至今的时代最早、数量最多、内容最丰富、文化意境最深厚、保存最集中、最完整，影响也十分广泛的杰出代表作，构成了西湖文化景观重要的景观审美要素和文化内涵。

"西湖十景"系列题名景观涉及了春夏秋冬、晨昫昏夜、晴雾风雪、花鸟虫鱼等关于季节、时段、气象、动植物的景观特色，以及堤、岛、桥、园林、宅院、水景、佛寺、佛塔、亭、台、楼、阁等极为丰富的景观元素，并各有侧重地表现出生动、静谧、隐逸、闲在、冷寂、禅境、

苏堤春晓

曲院风荷

平湖秋月

断桥残雪

花港观鱼

柳浪闻莺

三潭印月

双峰插云

雷峰夕照

南屏晚钟

断桥残雪　　　　　　雷峰夕照

南屏晚钟　　　　　　花港观鱼

曲院风荷　　　　　　三潭印月

平湖秋月　　　　　　柳浪闻莺

苏堤春晓　　　　　　双峰插云

或仙境等审美主题。

它不仅是东方园林景观设计审美特征"诗情画意"的代表性作品，还伴随着文化交流广泛传播到东亚各国，成为具有世界影响力的东方园林景观设计经典作品。

西湖十景概况

名称	景点地址	审美主题	景点要素	视域景观
苏堤春晓	湖西外湖与西里湖等水域之间	春季清晨的长堤和植被景观	长堤、六桥、桃红柳绿	堤东的外湖水域及三岛，堤西的西里湖水域和湖西群山峰峦，堤北段西侧的玉带桥、曲院风荷，堤北段东侧的白堤与西泠桥、孤山
曲院风荷	湖北苏堤北段西侧、岳湖滨湖地带	夏日的荷花和畔水的园林院落	堤畔半亩地院落、夏荷	景点南面的岳湖水域及其西侧群山峰峦，景点东面的苏堤，景点南面的"玉带晴虹"景点
平湖秋月	湖北孤山南麓东端滨湖地带	秋季的湖面与月色	御书楼、平台	月色，外湖水域及三岛，西湖西、南、东环湖群山和景观，景点西侧的孤山
断桥残雪	湖北白堤东端	冬季西湖的雪景	断桥、白堤	西湖雪景，桥北的北里湖和葛岭景观，桥西的孤山，桥南的外湖水域及其东、南沿湖景观
花港观鱼	湖西小南湖与西里湖之间	私家宅园中的动植物生机	鱼池、院落、桃花、垂柳	景点北侧的西里湖水域及西侧群山峰峦，景点东侧的苏堤
柳浪闻莺	湖东钱王祠北滨湖地带	清晨微风中的柳林	湖滨柳树林、莺声	景点西侧的外湖水域及其北、西、南环湖群山
三潭印月	湖中小瀛洲岛及岛南水域	月、塔、湖的相互辉映	小瀛洲岛、三石塔、岛上园林建筑	景点四面的外湖湖面，月影，外湖东、南、西群山景观，景点西侧的苏堤
双峰插云	湖西南高峰、北高峰两山峰峦	云雾缭绕的山峰	南高峰、北高峰、洪春桥一带	南高峰、北高峰、西湖西部群山和云气
雷峰夕照	湖南净慈寺北、夕照山上	黄昏的光线和山上古塔的剪影	夕照山、雷峰塔、长桥一带	夕阳、黄昏的光线，景点北侧的西湖水域、两堤三岛，西湖西、北、东环湖群山景观
南屏晚钟	湖南南屏山麓	夜晚寺庙的钟声在山谷的回音	净慈寺、南屏山	景点南侧的南屏山，景点南面的夕照山、雷峰塔

清·王原祁《西湖十景图》

（五）西湖文化史迹

在千余年自然与人文交融的演变过程中，西湖景观还积淀了丰富的历史文化内涵，留下了与中国传统的佛教文化、儒家文化、道教文化直接相关，或是见证了重要历史事件的一系列文物古迹。

西湖由此也成为一个湖山胜景与丰富文化遗迹交相辉映的文化景观，为世界风景湖泊所罕见。

这些类型多样的文化古迹是西湖悠久历史文化的实物例证，反映了不同文化元素对西湖文化景观形成和发展所起到的重要作用，不仅有力地证明了西湖文化景观文化价值的真实性、完整性和延续性，还充分展示了西湖文化景观内涵的多样性与丰富性。

在现存上百处文化史迹中，最具代表性的有14处：保俶塔、雷峰塔遗址、六和塔、净慈寺、灵隐寺、飞来峰造像、岳飞墓（庙）、文澜阁、抱朴道院、钱塘门遗址、清行宫遗址、舞鹤赋刻石及林逋墓、西泠印社、龙井。

六和塔

岳飞庙

抱朴道院

西泠印社

　　它们分布于西湖湖畔与群山之中，承载了特别深厚和丰富多样的文化与传统，成为西湖景观作为"文化名湖"的重要支撑。

西湖文化史迹概况

类别	要素成分	起始年代		要素分布地点
		公元纪年	历史年号	
佛教文化代表性史迹	保俶塔	976	北宋太平兴国元年	西湖北岸宝石山
	雷峰塔遗址	977	北宋太平兴国二年	西湖南岸夕照山
	六和塔	970	北宋开宝三年	钱塘江北月轮山
	净慈寺	954	后周显德元年	西湖南岸
	飞来峰造像	951	五代后周广顺元年	西湖以西北高峰南麓
	灵隐寺	326	东晋咸和元年	西湖以西北高峰南侧
儒教文化代表性史迹	岳飞墓（庙）	1221	南宋嘉定十四年	西湖北岸栖霞岭南麓
	文澜阁	1782	清乾隆四十六年	孤山南麓

类别	要素成分	起始年代		要素分布地点
		公元纪年	历史年号	
道教文化代表性史迹	抱朴道院	317—420	东晋年间	西湖北岸葛岭
重大历史事件代表性史迹	钱塘门遗址	1148	南宋绍兴十八年	西湖东岸北部
	清行宫遗址	1705	清康熙四十四年	西湖北部孤山南麓
文化名人代表性史迹	舞鹤赋刻石 林逋墓	1696 1028	清康熙三十五年 北宋天圣六年林逋卒年	西湖北部孤山南麓
近代代表性史迹	西泠印社	1904	清光绪三十年	西湖北部孤山西南角
茶文化代表性史迹	龙井	220—265	三国时期	西湖西南风篁岭

（六）西湖特色植物

正是西湖周边温润的气候，为植物提供了优越的生存条件，在千余年持续不断的西湖景观设计营造过程中，设计者们针对景观的审美特色、文化寓意和精神追求，在各景点中特别配置了独特的植物品种。这些特色植物与自然山水、人工景物一起，构成了西湖景观的代表性特征。

西湖周边的特色植物景观，包括宋代以来并传衍至今的春桃、夏荷、秋桂、冬梅"四季花卉"观赏主题，沿西湖堤岸桃柳相间的特色景观，以及分布于湖西群山中的传统龙井茶园景观。

梅家坞"龙井茶园"

西湖特色植物概况

类别	要素成分	起始年代		要素分布地点
		公元纪年	历史年号	
四季花卉	春桃、夏荷、秋桂、冬梅	13世纪	至迟始于南宋	西湖周边及湖上
桃柳相间	苏堤、白堤以及滨湖岸线	11世纪	北宋苏轼居官杭州期间	西湖沿岸及湖堤
龙井茶园	龙井、满觉陇、翁家山、杨梅岭、双峰、灵隐、茅家埠、九溪	317—420	东晋	西湖西南灵隐至风篁岭一带

二、西湖文化景观的普世价值

2011年6月，在法国巴黎召开的第35届世界遗产大会上，充满"诗情画意"的西湖文化景观作为中国唯一的提名项目，获得大会全票通过，成功登录世界遗产名录，成为中国第41处世界遗产。

西湖的美不仅在湖，而且在山，西湖山水呈现出中国山水画的典型审美特性——朦胧、含蓄与诗意，产生了中国山水美学的最经典审美理念——"诗情画意"。

如诗如画的西湖自然山水

"西湖文化景观"起始于唐宋时期、成型于南宋、兴盛于清代,并传承发展至今。它承载了历朝历代各阶层人士的各种审美需求,并在"天人合一""寄情山水"的中国山水美学文化传统背景下,拥有了突出的精神栖居功能。

世界遗产委员会认为,"杭州西湖文化景观"是文化景观的一个杰出典范,它极为清晰地展现了中国景观的美学思想,对中国乃至世界的园林景观设计影响深远。

"西湖文化景观"符合世界遗产评估标准的第二、三、六条标准,并满足遗产真实性、完整性要求,具有全球突出、普遍价值。

西湖景观虽然涉及了世界遗产的若干条价值标准,但其最核心的价值还是在于她是中国历代文化精英秉承"天人合一""寄情山水"的中国山水美学理论所创造的景观设计杰出典范。

她创始了"两堤三岛"景观格局,拥有现存东方题名景观中最经典、最完整、最具影响力的杰出范例——"西湖十景",展现了东方园林景观设计自南宋以来讲求"诗情画意"的艺术风格,体现了中国农耕文明鼎盛时期文人士大夫在园林景观设计上的创造精神。

由此,她对清代皇家园林和9世纪以来的中国、日本、朝鲜半岛等东亚地区的景观设计和造园艺术都产生了很明显的影响,在世界景观设计史上独树一帜,拥有重要地位。

西湖三岛鸟瞰

"西湖景观"是上千年来中国文人士大夫的"精神家园",也是中国各阶层人们世代向往的"人间天堂"。她以"寄情山水"的文化特性引发了数量特别巨大、雅俗共赏的文学和艺术作品,并具有显著的持续性和关联性。

与此同时,她还是中国最著名的四大古典爱情传说中《白蛇传》和《梁山伯与祝英台》的故事场所,与《马可·波罗游记》以及中国文学艺术史上的若干传世作品直接关联,是中国历史最久、影响最大的"文化名湖"。

三、西湖文化景观的传播影响

西湖文化景观对清代皇家园林和唐代以来的中国、日本、朝鲜半岛等东亚地区的园林景观设计和造园艺术均产生过明显的影响,在世界园林景观设计史上独树一帜,拥有重要地位。

(一)景观格局的影响

1. 国内影响

(1)对清代皇家园林的影响

肇始于南宋"西湖十景""堤岛格局"等一系列体现中国山水美学的园林景观设计手法受到清代皇室的空前重视,其文化价值因此获得显著提升并广泛传播。

"西湖景观"的文化象征意义、景观审美情趣、题名景观的设计手法、堤岛格局和丰富多样的景观元素,都在清代皇家园林中获得了显著的运用,是承德避暑山庄、北京颐和园和圆明园设计的重要楷模。

清代康熙、雍正、乾隆三代帝王所建造的皇家园林,受杭州西湖景观的影响非常深远。

康熙皇帝六次南巡,其中除第一次外,其余五次均到访杭州并游历西湖。乾隆皇帝先后六次南巡,都曾到过杭州,并且以杭州为主要目的地。

康熙帝玄烨　　　　　雍正帝胤禛　　　　　乾隆帝弘历

　　康乾二帝南巡期间，大量宫廷画师和随行文官绘制了不同的西湖图。当时因帝王对杭州西湖景观的高度推崇，便将其典型园林景观带回北京，移植到皇家园林中。

　　先说说承德避暑山庄。

　　承德避暑山庄的营建经历了康熙和乾隆两朝，在初建和扩建过程中，都对西湖有一定程度的借鉴。

　　承德避暑山庄对西湖的模仿，首先在于用堤桥划分水域。山庄湖区有3处堤：一处是芝径云堤，一处是双湖夹镜（长虹饮练）长桥，一处是水心榭长堤。

　　第二，是"万壑松风"景点对西湖万松岭（凤岭松涛）的借鉴。

　　第三，永佑寺舍利塔，又称六和塔，是模仿西湖南岸月轮山六和塔和南京报恩寺塔所建。

　　第四，如意洲上的"一片云"模仿杭州西湖风篁岭"一片云"而建。

　　第五，承德避暑山庄"锤峰落照"与西湖北岸的"双峰插云"也是一对相似的景点。

　　此外，乾隆帝多次在中秋之夜，将避暑山庄湖区与西湖平湖秋月相比，说明了避暑山庄和西湖在某些特定节令也有联系。

清·管念慈《热河行宫全图》

清·钱维城《避暑山庄七十二景》之"万壑松风"和"一片云"

再讲讲颐和园。

乾隆时期的颐和园还叫做清漪园，是仿照杭州西湖最得真意的一个，它以杭州西湖为蓝本而建，在湖、堤、岛的空间格局上极其相似，昆明湖对应西湖，西堤对应苏堤划分湖面，湖中堆筑了冶镜阁、藻鉴堂、南湖岛，与杭州西湖三岛相对应。

昆明湖中的西堤早在明代就与西湖苏堤相提并论了。乾隆更是将西

清·弘旿《都畿水利图卷》（局部）中的清漪园

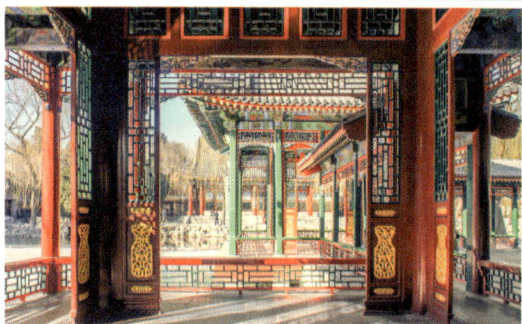

白堤与西泠桥

堤与苏堤的神似度发挥到了极致。乾隆二十三年（1758年）御制诗《荇桥》中说："六桥一带学西湖，蜿蜒长虹俯接余。"春天，西堤桃红柳绿，呈现的正是苏堤"间株杨柳间株桃"的景致。

西堤上的六桥也是仿照苏堤六桥建造的。对于玉带桥的摹仿，乾隆三十五年（1770年）御制诗《玉带桥》中说："长堤虽不姓髯苏，玉带依然桥样摹。荡桨过来忽失笑，笑斯着相学西湖。"

除堤岛格局外，园内一些主要景点的营造也借鉴了西湖的园林风格，如颐和园佛香阁的营建摹仿了杭州六和塔；万寿山西部的长岛命名为小西泠，也源于乾隆对杭州孤山西麓西泠桥的想念。

最后是圆明园。

圆明园是以写意的方式模拟西湖的山水植物景观及其场所意境，属于"得其意而忘其形"的变体创作，如园中模仿设置的西湖十景大多如此。

圆明园内模仿、借鉴杭州西湖景观的景点有苏堤春晓、平湖秋月、曲院风荷、柳浪闻莺、两峰插云、三潭印月、南屏晚钟、坦坦荡荡（玉泉鱼跃）、汇芳书院（断桥残雪）、夹镜鸣琴（蕉石鸣琴）、西峰秀色（花港观鱼）和涵虚朗鉴（雷峰夕照）等。

圆明园中的苏堤春晓只是岸边的一小段河堤，断桥残雪是一座简单的木板桥，远非西湖原貌，乃是以符号化的手法进行点题；而两峰插云、雷峰夕照、南屏晚钟则与原型差距更大，仅是环境风貌略有几分相似，在这里借用西湖十景的名称而已。

圆明园地图

　　此外，圆明园别有洞天景区模仿西湖龙井一片云堆叠假山；圆明园中还模仿西湖竹素园内的湖山神庙（花神庙）建了"汇万总春之庙"。

　　（2）对各地方园林的影响

　　"西湖景观"在中国的传播影响主要表现在3个方面。

　　一是以"西湖十景"为代表的题名景观设计手法在中国各地产生了广泛影响，并在南宋以后的700多年中在金、元、明、清各代得以传承，如：金代有"燕京八景"，清代有"关中八景"等。

　　二是"西湖十景"对中国同名为"西湖"的一些山水景观设计产生了直接的影响，最为典型的案例是广东的惠州西湖，它模仿杭州西湖营造了"惠州十景"。

圆明园遗址公园

三是在与水利工程相关的造景手法方面，苏、白两堤在中国各地的园林景观设计中获得了多处运用，如："惠州十景"中的跨水桥堤直接采用了"苏堤"与"白堤"的名称，等等。

2. **国外影响**

西湖景观格局的蓝本意义，更重要的还在于国外园林界广泛复制其景观模式，尤其以东南亚国家为盛。

（1）对日本园林设计的影响

随着有关西湖景观的诗文、绘画等传入日本，"西湖十景"等景观构成要素大量被象征性地通过缩景的手法运用于日本造园艺术中。通过对比研究，发现日本曾有至少16处园林空间象征性地运用了"西湖堤"。

日本园林大量借鉴西湖景观建造始于江户（今东京）的小石川后乐园。明朝遗臣朱舜水东渡日本，深受重用，他以中国江南园林为蓝本对后乐园进行了改建，模仿西湖建了名为西湖的泉池，模仿苏堤建造了西湖堤，并在堤上架设了圆月桥。

受后乐园的影响，模仿西湖建造的园林如雨后春笋一般，如广岛的缩景园、高松的栗林公园、水户的偕乐园、东京的旧芝离宫庭园、和歌山的养翠园等园林都以小石川后乐园为蓝本，模仿杭州西湖堤岛景观。

总的来说，西湖景观对日本造园的影响可分为两种：一种是庭园尺度的微缩景观，其中有东京市的小石川后乐园、广岛市的缩景园等；另一种是城市景观尺度的实例，其中有水户市的千波湖，以及近代以后所建的福冈市大濠公园。

据记载，江户初期著名文人石川丈山参照西湖十景，在东本愿寺涉成园内设计了"涉成园十三景"，分别是五松坞、侵雪桥（对应苏堤春晓），双梅檐、漱枕居（对应花港观鱼），丹枫溪（对应双峰插云），印月池（对应三潭印月），卧龙堂（对应南屏晚钟），傍花阁（对应柳浪闻莺），紫藤岸、缩远亭（对应曲院风荷），遇仙楼（对应雷峰夕照），滴翠轩（对应平湖秋月）和回棹廊（对应断桥残雪），其中五松坞、侵雪桥、印月池和回棹廊就是受杭州西湖堤岛景观的影响。

栗林公园

旧芝离宫庭园

日本园林中的西湖景观意象

园林名称	建造年代	景点或景观元素	所在地
常荣寺庭园	室町时代，1475—1478年	湖	山口
银阁寺	室町时代，1482年	银沙滩、向月台	京都
缩景园	江户时代，1620年	跨虹桥、蓬莱岛	广岛
桂离宫庭园	江户时代，1620—1624年	松琴亭	京都
栗林公园	江户时代，约1625年	西湖、偃月桥、飞来峰	高松
东本愿寺涉成园	江户时代，1653年	涉成园十三景	京都
小石川后乐园	江户时代，1661年	西湖、西湖堤	东京
户山庄	江户时代，约1669年	堤	东京
不忍池	江户时代，约1669年	三段桥	东京
锦带桥	江户时代，1673年	中堤、桥	岩国
金泽八景	江户时代，1677年	濑户堤、桥	横滨
旧芝离宫庭园	江户时代，1678年	西湖堤、五孔桥、灯笼	东京
德川园	江户时代，1695年	西湖桥、堤	名古屋
浴恩园	江户时代，1792年	柳塘、尾花堤	东京
三廊四园	江户时代，1794年	西湖桥、堤	户河
识名园	江户时代，1794年	堤、石桥	那霸
养翠园	江户时代，1818年	孤山、三桥	和歌山
偕乐园、千波湖	江户时代，1842年	千波湖、柳堤	水户
神野园	江户时代，1846年	堤	佐贺
和歌浦	江户时代，1851年	堤	和歌山
大濠公园	大正时代，1925年	堤	福冈

（2）对朝鲜半岛园林设计的影响

与日本类似，杭州西湖景观在朝鲜半岛产生了较大的影响，随西湖文化传入，西湖的"题名景观"也盛行起来。

16世纪之前，受南宋"西湖十景"的影响，朝鲜半岛出现了韩城府的"汉城十咏"、忠青道的"公州十景"、庆尚道的"大丘十咏""密阳十景""巨济十咏""庆州八景"、平安道的"平壤八景"等风景名胜。

16世纪中叶以后，随着明代《西湖游览志》等书籍和林逋的故事传入朝鲜半岛，"西湖景观"成为朝鲜半岛文人所向往的胜地，随之也出现了"汉江西湖十景"，其十景模仿杭州西湖的四字题名景观，分别为白石早潮、清溪夕岚、栗屿雨耕、麻浦云帆、鸟洲烟柳、鹤汀明沙、仙峰泛月、泷岩观涨、鹭梁渔钓和牛岑采樵。

因此，西湖景观成为朝鲜知识分子憧憬和向往的仙境，承载着他们的人生理想而获得推崇和流传。

（二）文学艺术的传播

1. 文艺作品对西湖景观的传播

（1）在日本的传播

西湖景观在日本的传播源于唐代白居易的《白氏文集》传播到了日本，西湖以诗歌形式为人所知晓。

日本平安时代相当于中国的唐朝晚期到宋朝前中期，伴随着海外贸易的盛行，朝臣藤原行成就曾专门著录白居易诗集——《白氏诗卷》《本能寺切》。

白居易的诗作传入日本后，很快受到了日本社会各阶层人士尤其是天皇的重视。日本醍醐天皇（897—930年）曾说过："平生所爱，《白氏文集》七十卷是也。"而在他之前的嵯峨天皇（786—842年），更是与白诗结下了不解之缘。据说嵯峨天皇将《白氏文集》一部藏在秘府中，视为"枕秘"❶，常常暗自吟诵。一天不读白居易的诗就吃不下饭，睡不着觉。

到北宋时期，日本逐渐有僧人、画家倾慕西湖之名专程到杭州游赏，并在回到日本之后创作了包

---

❶ 枕秘：指珍藏于枕函中的秘传宝书。

括西湖图、西湖诗等西湖文学艺术作品，从而使得其后日本先民到杭州游赏蔚然成风，西湖因此也在这一时期得到日本整个社会的普遍推崇与向往。

醍醐天皇曾在朱雀院园林中植梅养鹤，效仿林逋"梅妻鹤子"的隐士生活。

从镰仓时代到室町时代，先后约有400名禅僧从日本进入元代和明代的中国，其中很多都从杭州登陆。

由此可以推测出这些僧人曾到访过西湖周边山中的灵隐寺、净慈寺等佛教圣地，并将在中国所领悟到的禅学带回日本，同时也将西湖风景以日记、随笔等形式带回日本。

日本画僧雪舟（1420—1506年）从明代中国回日本后，开创了强调造型美的画风。他的弟子秋月继承了这种画风，并开始描绘西湖风景。从此，西湖风景在日本有了具象化的表现。

还有五山禅僧诗文中出现的西湖周边地名，虽然并不多，但都是西湖代表性的景观。这些诗文中出现频率较高的分别是西湖、孤山、六桥、苏公堤与和靖宅。这一信息反映出五山禅僧们对西湖的关注，主要集中在西湖的自然、人文景观之上。

此外，虽然大部分的五山禅僧并没有亲自游历西湖，但是他们的作品中大量出现西湖相关的地名，这也从侧面反映了西湖深受五山禅僧的喜爱。

在中国，明嘉靖二十六年（1547年），田汝成撰写完成《西湖游览志》一书。随后，《西湖志》等地方志出现。这使得有关西湖的信息更加完整地传入日本。

同时，日本从宽文时代中期书籍出版业开始兴起，元禄时代以后市民文化开始繁荣，这使得传入日本的西湖著作的影响从上流社会开始扩散到民间。

（2）在朝鲜的传播

朝鲜对杭州西湖的认识多在16世纪以后。

在明朝时期，朝鲜著名画家金得臣所著的《终南丛志》中曾记载过流传到朝鲜的一张西湖图，只有官员郑士龙一人认识。可见，明朝以前西湖多不为朝鲜人所了解。

从明万历二十年（1592年）开始，抗日援朝战争断断续续打了7年（朝鲜称为"壬辰倭乱"），这期间浙江的军队进入朝鲜，随之杭州西湖文化艺术在朝鲜半岛得到进一步传播发展。

这一时期，伴随着《西湖游览志》等书籍以及林逋"梅妻鹤子"（以梅为妻，以鹤为子）故事广泛传入朝鲜，朝鲜地区的先民尚未到过杭州西湖，就已经接受了这一文化艺术，并形成了对杭州西湖的初步认识，有关西湖的诗、画更是因为其中所蕴含的士人隐逸高雅的品德与普遍社会意识而被人们广为传颂。

崔溥是现今可考证的到过杭州西湖并专门撰文的朝鲜文人。他是朝鲜王朝（国土大体上相当于今天朝鲜和韩国的总和）的弘文馆副校理，弘文馆相当于国家藏书馆，副校理是个五品官。能在藏书馆里工作的，多是文人。崔溥也不例外，他24岁中进士第三名，29岁获中文科乙科第一名，写得一手好文章。

在他所著的《漂海录》中就记载了他在游赏西湖过程中看到的西湖美景："……孤山在西湖孤山路西。山之东，有林和靖隐庐古基及墓。三贤祠在苏公堤第三桥下……"

此后，朝鲜地区逐渐产生了由当时先民自行创作产生的杭州西湖诗画，而不再是仅仅局限于流传到朝鲜地区的杭州西湖诗画。

洪世泰曾是朝鲜地区的著名诗人，他的《柳下集》中就有他创作的西湖诗作。

朝鲜地区西湖堤岛诗画的发展并不仅仅局限于对杭州西湖湖上堤岛的诗画创作，尤其是发展到后世，逐渐转向对朝鲜地区本土的景观创作，但在创作之中植入的仍然是杭州西湖堤岛的思想与情感。

同时，当时的诗更多地表现为画上的题跋。

李洣（mǐ）就曾创作了《题沈玄斋苏堤春晓图》一诗，其中写道："神妙名家迈郑处，西湖风物在床前，云深半出雷峰塔，江暗惟看别浦船。蝶梦初醒花底月，莺声知在柳梢烟。堤旁多少楼台里，几个牵情未搅眠。"

这些在朝鲜地区延伸发展形成的西湖堤岛诗画，正是以杭州西湖湖上堤岛美为文化土壤形成的区别于杭州西湖湖上堤岛的美。

它在物象形态上已经发生了变化，但就其情感与意境而言，仅仅是在原有湖上堤岛美基础上的延伸，从中人们仍可以看到杭州西湖湖上堤岛的美。

2. 名人对西湖景观的传播

（1）马可·波罗

马可·波罗（1254—1324年），是意大利著名旅行家和商人，曾多次到过杭州。在他编撰的《马可·波罗游记》中，他用较大篇幅介绍了元代杭州的风土人情，并惊叹杭州是"世界上最美丽华贵之天城"。

1254年，马可·波罗生于意大利威尼斯一个商人家庭，他的父亲和叔叔都是当地的商人。

在马可·波罗小时候，他的父亲和叔叔到东方经商，到过中国的元大都（今北京市旧城及其以北地区）。他们回家后，马可·波罗经常听他们讲东方旅行的故事。这些故事引起了马可·波罗的浓厚兴趣，使他下定决心要跟父亲和叔叔到中国去。

马可·波罗

1271年，在马可·波罗17岁的时候，跟着父亲和叔叔等人踏上了走向东方的旅途。

他到过许许多多的地方，只有杭州让他留下了"无可置疑那是世界上最美丽和华贵的天城"的赞叹。在他眼里，杭州"种种事物实在是非常值得描绘与介绍的"。

在《游记》的第二卷，对杭州有详细的记述。

书中称杭州为"行在""天城"，称苏州为"地城"。"行在"是南宋时期对杭州的一般称呼，指帝皇行幸所在的地方；而"天城""地城"，也就是我国谚语"上有天堂，下有苏杭"的一种译称。

《游纪》里记载杭州人烟稠密，房屋多达160万所，商业发达，城中有大市场10个，沿街小市场无数。

书中还说杭州人对来做生意的外人很亲切，"待遇周到，辅助及劝导，尽其所能"；又说杭州市容整齐清洁，街道都用石材铺筑，人民讲究卫生，全城到处有冷热澡堂，以供沐浴之用，户口登记严密，人口统计清楚。

书中对西湖有很多细致的描述："在湖的周围有许多宽敞美丽的住宅，都是达官贵人的寓所。还有许多寺院，寺中住着众多僧侣，他们都十分虔诚可敬。靠近湖心处有两个岛，每个岛上都有一座美丽华贵的建

筑，里面分成无数的房间与独立的亭子。当本城的居民举行婚礼或其他豪华的宴会时，就来到这两座岛上。凡他们所需的东西，如器皿、布帛等，在这里都已预备齐全。这些东西以及建筑物都是用市民的公共费用置备的。有时可以看到数以百计的人在这里同时设宴或举行婚礼，但里面的供应依然井井有条、周到齐全。每家都有各自的房间或亭子可以使用，不会相互混杂。"

马可·波罗称赞"行在城所供给之快乐，世界诸城无有及之者，人处其中自信为置身天堂。"由于他对杭州特别赞赏，所以多次来到这里游览。

（2）芥川龙之介

到西湖游历的名人中还有日本作家芥川龙之介（1892—1927年）。

大正十年（1921年），芥川龙之介被大阪每日新闻社以海外观察员的身份派往中国。

在中国，他从上海出发，一路游览了杭州、苏州、扬州、南京和芜湖，然后溯江而上至汉口，游洞庭，访长沙，经郑州、洛阳、龙门前往北京，7月底，从朝鲜回国。

在游历期间，芥川不断为报社提供可刊登的游记文章，也就是之后集结成书的《中国游记》。

在杭州，他游历了西湖，拜访了苏小小墓、岳飞墓、秋瑾墓，对历史和人物颇有评议。

芥川龙之介

从1921年8月开始，芥川龙之介在《大阪每日新闻》和《东京日日新闻》这两家日本东、西部最有影响力的媒体上连载他的《中国游记》的第一部《上海游记》。

在这本《中国游记》中，和杭州相关的就占据了十节，包括《杭州一夜》（上）（中）（下），《西湖》（一）至（六）及《灵隐寺》，从芥川龙之介的文字中，我们甚至可以勾勒出他在杭州的两天两夜的行踪。

首先他入住新新饭店，途中初见夜西湖；然后在今天望湖楼处登船，泛舟湖上；接着在俞楼见到《梅花图》的原本；之后前往岳庙，他在游记中写了"油炸桧"；然后来到雷峰塔，看到砖砌的塔壁上，爬满了茑萝；最后拜谒灵隐寺，并把游览经历和白居易的故事写在明信片上寄给朋友。

其实，在20世纪二三十年代，不少知名日本文人来华旅行，包括谷崎润一郎、佐藤春夫、村松梢风等。谷崎还来了不止一次。

此外，据记载，明朝正德年间，有一位日本使臣游览西湖后写过这样一首诗，"昔年曾见此湖图，不信人间有此湖。今日打从湖上过，画工还欠费工夫。"

可见，对许多外国游客来说，西湖即便是初游，也有旧梦重温的味道。这简直成了中国文化中的一个常用意象，摩挲中国文化一久，心头都会有这个湖。

祝酒词

『闻名遐迩』的西湖十景题名景观

（一）

出得西湖月尚残，
荷花荡里柳行间。
红香世界清凉国，
行了南山却北山。

（二）

毕竟西湖六月中，
风光不与四时同。
接天莲叶无穷碧，
映日荷花别样红。

——宋·杨万里《晓出净慈寺送林子方》

尊敬的各位贵宾：

很高兴今天能和大家在这里欢聚一堂，向大家奉献陈博士潜心研究和精心打造的"杭州西湖十景"这一盛宴。首先，对大家的莅临致以热烈的欢迎和衷心的感谢！

来到杭州，最不可错过的无疑就是西湖了，而西湖景点众多，首屈一指的当属久负盛名的"西湖十景"。

始于南宋的"西湖十景"是证明西湖遗产价值的核心内容，三潭印月、南屏晚钟、断桥残雪……这些四字一组的名称中国人耳熟能详，可是怎样证明它们的独一无二呢？

这里不得不提四个字："题名景观"。正是因为证明了西湖"题名景观"的独创性，在西方专家的印象中，西湖景观才从一个抽象的概念变得有血有肉、丰满灵动。

像这样通过四个字一组的名称形成"四字景目"，由8～10个四字景目组成一个景观系列，自北宋之后就开始在中国流行，并传播至整个东亚。题名景观是中国的原创，是中国山水美学理论在景观设计上的杰出体现。

"西湖十景"的核心价值就体现于此，如苏堤春晓、曲院风荷、平湖秋月、断桥残雪4个景名的信息量就十分丰富：字面上看，它们代表春夏秋冬四季、不同气象和不同观赏植物；更深层次上，它们蕴含了人们各种心性寄托和品格修炼，是中国传统园林景观设计对"天人合一"哲学思想的突出表现。

接下来，就让陈博士好好和您聊聊"西湖十景题名景观"的那些事儿。

一、西湖十景：第一个园林名胜题名景观

西湖美景，历来迷人，但到了宋代才真正成为"天下景"。南宋杭州人吴自牧在《梦粱录》中就说过："大抵杭州胜景，全在西湖，他郡无此。"

西湖文化景观中，"西湖十景"可谓名闻中外。它们分别是苏堤春晓、曲院风荷、平湖秋月、断桥残雪、柳浪闻莺、花港观鱼、雷峰夕照、双峰插云、南屏晚钟和三潭印月。从南宋流传至今，已经有七百多年的历史了。

"西湖十景"的来源是宋代皇家画院的山水题名。北宋画家宋迪擅长画山水，得意之作有平沙落雁、远浦归帆、山市晴岚、江天暮雪、洞庭秋月、潇湘夜雨、烟寺晚钟、渔村夕照，它们总称为"潇湘八景"。这样，以"八景"命名的山水画从此就风行起来了。

南宋画院中的画家马远等还画过柳浪闻莺、两峰插云、平湖秋月。画院待诏陈清波以画西湖全景闻名，根据《绘事备考》记载，他画的西湖山水就有断桥残雪、三潭印月、雷峰夕照、苏堤春晓、南屏晚钟等。

这些题名，与"潇湘八景"一脉相承。这也就是"西湖十景"的由来。而且西湖十景中的每个景目，都是成对的，如"平湖秋月"对"苏堤春晓"，"三潭印月"对"两峰插云"。

那十景为什么能名扬天下，引得众多游人慕名而至，甚至数次游览呢？正在于它既有自然美景，又有许许多多的历史文化在里面，这正是

宋·佚名《西湖春晓图页》

本书的主要内容。

"西湖十景"形成于南宋时期，在南宋之后，又分别有元代"钱塘十景"、清代"西湖十八景"、清乾隆"杭州二十四景"、1985年"新西湖十景"、2007年三评"西湖十景"。

西湖又名钱塘湖，所以元代有"钱塘十景"的说法，景名为：六桥烟柳、九里云松、灵石樵歌、冷泉猿啸、葛岭朝暾、孤山霁雪、北关夜市、浙江秋涛、两峰白云、西湖夜月。其中，"两峰白云""西湖夜月"与南宋西湖十景中的"双峰插云""平湖秋月"意思相同，所以后人常称作"钱塘八景"。

到了清代，西湖十八景分别是：湖山春社、功德崇坊、玉带晴虹、海霞西爽、梅林归鹤、鱼沼秋蓉、莲池松舍、宝石凤亭、亭湾骑射、蕉石鸣琴、玉泉鱼跃、凤岭松涛、湖心平眺、吴山大观、天竺香市、云栖梵径、韬光观海、西溪探梅。不过有些景点离西湖比较远，所以也有人称之为"杭州十八景"。

1985年9月，杭州又评选出"新西湖十景"，分别是：云栖竹径、满

西湖雪景

陇桂雨、虎跑梦泉、龙井问茶、九溪烟树、吴山天风、阮墩环碧、黄龙吐翠、玉皇飞云、宝石流霞。

为了能够更全面地反映西湖的美景，2007年6月，杭州还举行了三评"西湖十景"的活动。这十景分别是：灵隐禅踪、六和听涛、岳墓栖霞、湖滨晴雨、钱祠表忠、万松书缘、杨堤景行、三台云水、梅坞春早、北街梦寻。

西湖风景固然绝好，什么时候去游览又有讲究。古人云："晴湖不如雨湖，雨湖不如月湖，月湖不如雪湖"，西湖雪景，尤为迷人。

西湖雪景原来有八处：鹫岭雪峰、冷泉雪涧、巢居雪阁、南屏雪钟、西陵（即西泠）雪樵、断桥雪棹、苏堤雪柳、孤山雪梅。

西湖园林的景观题名文化凭借它们丰富的美学和哲学内涵，再加上各种宗教文化和山水文化的积淀，向世人呈现了一个举世无双的人间天堂。

二、西湖十景对国内题名景观的影响

"西湖十景"不仅内涵丰富,还对国内很多美景的题名有着深远影响呢!

首先,中国的风景名胜地,"八景""十景"等称谓屡见不鲜。"燕京八景""西湖十景""避暑山庄七十二景"等更是闻名遐迩,吸引着历代文人墨客和百姓前来参观游览,一饱眼福。

这种以数字称谓景观的表达方式,形成了中国所特有的一种题名景观文化。

以"西湖十景"为代表的题名景观设计手法在中国各地流行,并在南宋以后的700余年中在金、元、明、清各代得以传承,如:金代有"燕京八景",清代有"关中八景"等。

接下来,陈博士为您详细介绍一下这些代表性的题名景观。

首先是"燕京八景",又称"燕山八景"或"燕台八景"等,得名于金代明昌年间(1190—1196年),后代文人纷纷题诗,随后便闻名遐迩。

金政权建都北京之后,看上了西郊的好山好水。起初,喜好游山玩水、诗词歌赋的金章宗,出于自己出游的方便,也为了欣赏美景,在城里大兴土木,建造了芳园、南园、北园、熙春园、琼林苑、同乐园、广乐园和东园八苑。

后来又在中都西山,选择山势高耸、林木苍翠、流泉飞瀑、地僻幽深的山林间,修建了八大水院,也就是八处园林行宫,作为游玩驻跸的地方。他从全国各地征召造园大师和工匠,把南方高超的造园艺术与北方山水的自然之美相融合。由此开创了历代统治者在西郊造园的先河。这也可以算是西郊最初的"八景"。

不同历史时代对燕京八景的景观和描述均有不同。清乾隆十六年(1751年)御定八景为:太液秋风、琼岛春阴、金台夕照、蓟门烟树、西山晴雪、玉泉趵突、卢沟晓月、居庸叠翠,当时均刻石立碑,并有小序、诗文。

燕京八景,这一园林题名景观的杰出代表,自从产生以来,对于后来全国的风景点建设产生了很大影响。现代的园林景观也积极借鉴燕京八景，建造景点，在一定程度上推动了园林景观建设的发展。

说罢了燕京八景，我们再来谈谈"关中八景"。

关中八景所在地是长安（今西安），又名"长安八景"，是八处关中地区著名的风景文物胜地。西安碑林中还有一块《关中八景图》石刻，用诗和画的形式展现了关中地区的锦绣河山。

这块碑石刻于清康熙十九年（1680年），作者是朱集义，距今已经有三百多年的历史了。碑面书、画、诗融为一体，分成十六格，一景一画，即：华岳仙掌、骊山晚照、灞柳风雪、曲江流饮、雁塔晨钟、咸阳古渡、草堂烟雾、太白积雪。

"关中八景"展现了关中地区独特的自然景观特征和地域人文内涵，是我国传统风景文化和景观题名的杰出代表之一。

同时，"关中八景"是关中地区原有自然山水肌理和城乡建设格局的真实写照，当地政府还通过评选"新长安八景"来展现城市发展和风景营建的新风貌，来推广以"关中八景"为代表的城市形象和地域特色。

此外，南宋"西湖十景"还对中国同名为"西湖"的一些山水景观设计产生了直接的影响，最为典型的案例是广东的惠州西湖，它模仿杭州西湖营造了"惠州十景"即：苏堤玩月、玉塔微澜、留丹点翠、冲虚古韵、白莲翠影、九重远眺、石河奇观、香溪泛舟、风涛摧磨、天赐白堤。

太液秋风

琼岛春阴

金台夕照

蓟门烟树

西山晴雪

玉泉趵突

卢沟晓月

居庸叠翠

燕京八景

惠州全景

　　据记载，惠州在东汉时期"邑而未郡"，也就是说"惠州当时还算不上地级市，仅仅是傅罗县隶属的一个乡镇"，那时的惠州西湖则更是荒野之地，直到东晋在湖边建造龙兴寺，唐朝改名为开元寺，惠州西湖的建设才拉开序幕。

　　北宋治平三年（1066年），惠州知州陈偁（chēng，同"称"）采取"筑堤截水"等措施对西湖进行治理，使西湖改变了湖体不稳定的状态，并养鱼灌田，乡民获得大丰收，西湖也因此被称为"丰湖"。

　　宋哲宗绍圣元年（1094年）十月，大文豪苏轼被朝廷以"讥斥先朝"的罪名贬谪到了惠州。在宋朝，岭南两广一带是蛮荒之地，因此罪臣大多被流放到此。

　　在惠州，苏轼居住了两年零七个月。在此期间，他同情惠州百姓民生疾苦，劝说地方官吏为百姓办好事，并资助修筑苏堤以及东新桥、西新桥，西湖湖体形态得到进一步整治。

　　绍圣三年，苏轼的红颜知己和侍妾王朝云在惠州过世，就葬在西湖畔。苏轼非常哀伤，在《赠昙秀》诗中写道："人间胜绝略已遍，匡庐南岭并西湖。西湖北望三千里，大堤冉冉横秋水。"这首诗将原来的"丰湖"写成"西湖"，惠州"丰湖"便开始以"西湖"之名名扬天下。

　　南宋绍兴年间（1131—1162年），郡守张宗卿、留正在西湖边修建了"张留书院"，当时惠州西湖的建筑数量和可供游赏的景点相当丰盛，西湖已成为一个初具规模的风景名胜区。

　　惠州西湖先后得到陈偁、苏轼、张宗卿等人的治理，特别是苏轼对山水景观格局的逐渐完善，修苏堤、建西桥，把惠州西湖打造成一座媲美杭州西湖的岭南山水名胜。

惠州西湖山水

惠州西湖"九曲桥"

　　但相对于惠州西湖的山水实景建设，苏轼的诗词笔墨就更多地赋予西湖山水文化上的灵性，留给惠州更为深厚久远的城市记忆。

　　说完了西湖十景题名景观的来龙去脉，想必大家已经等得不耐烦了吧？别急别急，快要进入正餐了。

　　让我们举起酒杯，祝愿西湖十景未来更加璀璨夺目，祝愿各位读者朋友身体健康、心想事成！干杯！

上菜

"五光十色"的西湖十景趣谈

（一）

朝曦迎客艳重冈，
晚雨留人入醉乡。
此意自佳君不会，
一杯当属水仙王。

（二）

水光潋滟晴方好，
山色空蒙雨亦奇。
欲把西湖比西子，
淡妆浓抹总相宜。

——宋·苏轼《饮湖上初晴后雨》

祝酒词说完，终于要上菜啦！在这里，陈博士为您精心准备了五道美味可口的"硬菜"，大家快来品尝品尝吧！

俗话说："国以民为本，民以食为天。"国家把人民看作根本，人民把饮食当作生命。

民众对食物的需求可不仅仅只是填饱肚子，即"果腹"；也在于吃"美食"，即对"色、香、味"三方面的要求；还在于吃"名气"，我们常常听说哪家"网红"饭馆不错后"种草"，一个个都前去一饱口福，也就是"拔草"❶；更在于吃"情调"，有时候吃什么不重要，关键是能放松身心，缓解生活中的压力。

杭州山美、水美、人美，"杭帮菜"更是味美。

"杭帮菜"的历史最早可以追溯到距今一千多年前，五代吴越国和南宋王朝都曾在杭州建都，因此留下了众多的文物遗址和悠久的历史文化。

南宋时期，临安（今杭州）作为繁华的京都，北方的烹调文化不断涌入。原有的宫廷菜和这里的民间饮食文化得到了充分交流，南北名厨济济一堂，博采众长，兼收并蓄，融合南北方烹饪技艺为一体，加上各地方商贾云集于此，杭帮

---

❶ 种草、拔草：都是网络流行语，在网购中，"草"字通常可以理解为长势很凶猛的购买欲。种草，即为产生购买欲；而拔草，便是指不再有购买欲，取消了购买的计划，可以理解为种草的反义词。

菜一时之间达到鼎盛时期。

根据吴自牧的《梦粱录》记载，当时的杭州诸色菜肴就达到280余款，烹饪技艺也是百变。由此看来，"杭帮菜"受到人们如此喜爱也就不足为奇了。

今天我要上的这套"菜品"就是闻名中外的杭帮名菜，将美食与景观文化结合，不仅让您大饱眼福，还能提升精神境界。

那这套杭帮菜究竟包括哪些"菜品"呢？

它是以代表十种不同颜色景观的"南宋西湖十景"为主料，以"五光"之名串联起五道典型的杭帮菜：分别是指使人如闪闪"波光"般醍醐灌顶的"西湖醋鱼"；油而不腻，吃了满面"春光"的"东坡肉"；营养保健，让人重见"天光"的"龙井虾仁"；像轻洒的"月光"般暖人心脾的"笋干老鸭煲"；最后是收心之作，遇见"佛光"的"八宝豆腐"。

为了还原每道菜的本质，领略每道菜背后的风物人情，我们将从食材产地、取材备料、加工厨艺等方面竭尽所能，争取让您吃得舒服！

至于十景分别是哪十色，各景的"色、香、味"又是如何呢？那就且等我一道道端上来，您细细品味吧！

第一道

"西湖醋鱼":
波光——曲院风荷、花港观鱼

西湖醋鱼

为了打开宾客们的味蕾，以达到增进"食欲"的效果，第一道带来的那必定是道开胃菜：杭州名菜中的佼佼者——西湖醋鱼。

"西湖醋鱼"卤汁枣红，醋味浓郁，可以看作一道浓淡适度的开胃菜。选料是江南水乡最常见的水产品——草鱼，制作方面仅是用水煮，调味方面也以糖醋为主，连盐都不用放。

简单的烹调手艺，却制作出独特的美味，这也许是西湖醋鱼乃至杭帮菜的共有特征，一切看似平淡，但平淡后面确实妙不可言。

其实，"西湖醋鱼"又叫"叔嫂传珍""宋嫂鱼"。大家可能会疑惑，这道鱼和"叔嫂"之间有什么关系呢？

相传，有宋姓兄弟两人，满腹文章，很有学问，隐居在西湖，以打鱼为生。

当地恶棍赵大官人有一次游湖，路上偶遇一个在湖边浣纱的妇女，他一看见妇女便觉得美艳动人，就想霸占。

赵大官人马上派人打听，原来这个妇女是宋兄的妻子，就心生嫉妒，施用阴谋手段，害死了宋兄。

恶势力的侵害，使宋家叔嫂非常激愤，两人一起上官府告状，企求伸张正义，使恶棍受到惩罚。

他们哪里知道，当时的官府是同恶势力一个鼻孔出气的，不但没有受理他们的控诉，反而一顿棒打，把他们赶了出来。

回家后，宋嫂要宋弟赶快收拾行装外逃，以免恶棍跟踪前来报复。就在临行前，嫂嫂烧了一碗鱼，加糖加醋，烧法奇特。

宋弟问嫂嫂："今天的鱼为什么要烧成这个样子？"嫂嫂说："鱼有甜

有酸，我是想让你外出之后，千万不要忘记你哥哥是怎么死的，今后即便你的生活甘甜，也不要忘记老百姓受欺凌的辛酸，更不要忘记你嫂嫂饮恨的辛酸。"

弟弟听了很是感动，吃了鱼，牢记嫂嫂的心意离开。

后来，宋弟取得了功名回到杭州，报了杀兄之仇，把那个恶棍惩办了。可这时，宋嫂早已离开家乡，一直查寻不到。

有一次，宋弟出去赴宴，宴间吃到一道菜，味道就是他离家时嫂嫂烧的那样，连忙追问是谁烧的，才知道正是他嫂嫂的杰作。原来，自从他走后，嫂嫂为了避免恶棍前来纠缠，隐名埋姓，躲入了官家当厨工。

宋弟找到了嫂嫂很是高兴，就辞了官职，把嫂嫂接回家，重新过起捕鱼为生的渔家生活。

"叔嫂传珍"的故事感人至深，因而"西湖醋鱼"这道菜不仅开胃，还由于它独特的酸甜美味就像水波反射出来的光——"波光"般闪闪发光，指引着宋弟寻找到他的嫂嫂。

时至今日，杭州楼外楼的西湖醋鱼依然是这座美丽城市的名片之一，每日食客络绎不绝。

那这道绝味佳肴又是怎样烹制而成的呢？

西湖醋鱼选材精细，通常选用一斤半左右的草鱼。烹制时，火候要求严格，只能三四分钟烧得恰到好处。盛菜时，浇上一层糖醋。成菜色泽红亮，吃起来，鱼肉嫩美，带有蟹味，酸甜可口，别具特色。

烧制过程中最好加入一茶匙绍兴黄酒。做菜加酒是烹饪中很常见的手法，酒可以让肉质软化、增添风味，借助酒精的特性，可以提升菜的美味程度。

组合成开胃菜"西湖醋鱼"的"曲院风荷"和"花港观鱼"都是池水清冽、波光涟涟的两处美景。

"曲院"，古称"麹院"，前身是南宋官办的酿酒作坊，每当夏日风起，酒香荷香沁人心脾，再配上性情活跃、游动迅速的花港观"鱼"，那必是一道酸甜适度、赏心悦目的美味佳肴，话不多说，快来开动吧！

一、红衣绿扇映清波：
青色——曲院风荷

青色，古代本义是蓝色，但在绘画颜色中，如果是蓝色中混有少量的绿色，则称为青色，类似于翡翠玉石的颜色。

《荀子·劝学》中说："青，取之于蓝而青于蓝；冰，水为之而寒于水。"在我国古代社会中，"青色"具有极其重要的意义。它象征着坚强、希望、古朴和庄重，这也是传统的器物和服饰常常采用青色的原因。

那么，"青色"怎么就是"曲院风荷"的代表色呢？

青是一种底色，清脆而不张扬，伶俐而不圆滑，清爽而不单调，有着"豁达开朗""出淤泥而不染"的特性。

佛教推崇青色，佛教两大派别即为黄衣派和青衣派，青衣派包括天台、华严、禅宗、净土等诸种佛教传入中土后衍生的几大重要宗派。僧人的法衣也常为青色，称为青衲。佛教常用"青莲"来形容佛的眼睛，《楞严经》中说："纵观如来，青莲花眼。"

"曲院风荷"插画（杨翔 绘）

清·《南巡盛典名胜图录》之"曲院风荷"

"曲院风荷"中的荷花，是莲属二种植物的通称，又名莲花。荷花蕴含着"青色"的意义。

莲花与佛教有着千丝万缕的联系。它从淤泥中长出，不被淤泥污染，又非常香洁，因此，佛教把莲花看成圣洁之花，用来比喻佛，象征菩萨在生死烦恼中出生，而不为生死烦恼所干扰，所以有"莲花藏世界"的意义。

莲花出淤泥而不染的圣洁性，象征佛与菩萨超脱红尘，四大皆空；莲花的花谢而根不死，来年又开花，象征人死魂不灭，不断轮回中。

荷花因"出淤泥而不染"，在中国传统文化中寓意"品格高尚"。因此，"曲院风荷"景点的荷花，含有审美观照和人格追求的双重含义。以"青色"象征"曲院风荷"再适合不过。

（一）色：卖相——景点介绍

曲院风荷，位于北山街与杨公堤交叉口东南，是西湖环湖地区最大的公园之一，分为岳湖、竹素园、风荷、曲院和滨湖密林五大景区，公

曲院风荷平面图

天泽楼

西 湖

曲院风荷入口

曲院风荷

园与周边的岳飞墓庙、郭庄、杭州植物园等景点连成一片，成为西湖北线最具游赏价值的游览区。

古时候，"曲院"写作"麯（qū）院"，"麯"是酿酒用的发酵物。当时人们在行春桥（今洪春桥）旁建造了麯院，取金沙涧里的水制作麯来酿酒，并且种植了很多荷花，南宋皇家画院题写景点名称的时候称其为"麯院荷风"。

宋代灭亡以后，麯院就变得荒凉了。到了清康熙年间，在现今苏堤跨虹桥西面构筑亭廊，堆叠山石，广植荷花，风荷景致才得以延续。

全园的布局突出"碧、红、香、凉"四个字，即荷叶的碧、荷花的红、熏风的香、环境的凉。公园的水面设计突出风荷的景色，而在公园的布局和建筑小品的设置上突出"曲院"的意境。园内融建筑于自然，突出荷花及山水的自然情趣，成为"芙渠万斛香"的游览胜地。

曲院风荷主要有四大观赏点：一是品种丰富的荷花——风荷景区；二是酒香四溢的园中之园——曲院景区；三是真山真水的浙派园林——郭庄；四是烟柳桃红的最浓处——玉带晴虹。

1. 风荷景区

在风荷景区，分布着60多个品种各异的荷花精品，有红莲、宣莲、白莲、重台莲、洒金莲、并蒂莲等。

夏天的曲院风荷，那"接天莲叶无穷碧，映日荷花别样红"的壮丽景象，独领风骚，令人心旷神怡。

从水面造型各异的小桥上且行且看，人倚花姿，花映人面，人、花、水、天，相融、相亲、相恋，悦目、赏心、销魂。夏日清风徐来，荷香四处飘逸，游人身心俱爽，不饮也醉了。

曲院风荷夏景

曲院风荷"芙蕖水馆"

2. 曲院景区

由水杉密林围合成的园中之园，以建筑、围廊组成各种院落，空间有开有合，疏密有致，成为名副其实的曲院。

"荷香酒溢"位于曲院景区内。主体建筑为二层仿古庭院式，北侧设一回廊。它以餐饮经营为主，里面陈设内容都以风的故事、荷的风采为主题，通过壁面木制透雕、玻璃装饰、国画、书法小品、玻璃彩绘等装饰艺术手法展现荷之百态，并配以咏荷吟风为内容的楹联，营造酒香与荷香交融的美妙意境。

"御酒坊"在曲院景区内。2003年新建的御酒坊占地约1.3万平方米，园内融建筑于自然，突出荷花及山水的自然情趣。酒坊内有场景复原、壁画、微缩景观、实物陈列，生动地展示了南宋御酒制作流程、宫廷酒宴、民间酒肆、赛酒会等内容。游人至此，不但可以了解南宋酒文化的内涵，而且可以品尝到"南宋名酒"。

曲院风荷植物景观

3. 郭庄

与"曲院风荷"相邻的是位于杭州杨公堤卧龙桥畔的郭庄，原名"端友别墅"，建于清光绪三十三年（1907年）。

郭庄被誉为"西湖古典园林之冠"，与刘庄、汪庄和蒋庄并称为西湖四大名园，素来就有"不到郭庄，难识西湖园林"的说法。

著名古建筑园林艺术专家陈从周先生就曾指出："西湖是个大园林，那些过去人们称为'庄子'的小园林，不过是大景区中的一个景点而已。"

西湖很大，如果把西湖比作珍珠项链，那么西湖边上的那些小园林，就是一颗颗珍珠，郭庄就是其中璀璨夺目的一颗，它虽然小，但却反映了西湖山水园林的基本特点。

郭庄总体平面呈矩形，占地面积9788平方米，水面近3000平方米，建筑面积1629平方米，保留建筑有汾阳别墅、赏心悦目亭、两宜轩、景苏阁等。庄园总体可分为以浣池为中心的居住区和以镜池为中心的园林区两部分，设西、北两入口。东濒西湖，临湖筑榭，曲径通幽，假山叠石，极富雅趣。

杭州传统私家园林大多都不复存在了，西湖边的郭庄是遗存下来为数不多的一个，是浙派传统园林的杰出代表。

郭庄

4. 玉带晴虹

"曲院风荷"正南向约350米处是金沙堤和玉带桥——清代形成的"玉带晴虹"题名景观。

金沙堤，始筑于南宋淳祐年间（1241—1252年）。清雍正九年（1731年），浙江总督李卫利用从西湖清理出来的淤泥重新堆筑而成。堤东起苏堤东浦桥，西至西湖西岸，是苏堤以西水域岳湖、西里湖的分界线。

玉带桥，始建于清雍正九年，位于金沙堤中段。玉带桥为岳湖和西里湖间的船只提供通行便利，桥身设置了三个桥洞用来泄水，形状犹如带环，所以取名叫"玉带"。如今的玉带桥保存清代形制，是三跨梁柱式石桥，桥上建了重檐歇山顶桥亭。

天气晴朗无风的时候，整个桥身倒映在湛蓝的湖水中，仿佛是横贯长空的彩虹，所以起名叫玉带晴虹。

（二）味：食材——名人轶事

食材是组成各种美食的基本原料，它包含的种类更是多种多样。俗话说：好食材才有好味道！

美景也是这样，拥有"名人""美谈"和"传说"等"好食材"，"好食材"的背后必然有着"食文化"带来的悠长韵味。在享受优质"食材"

玉带晴虹

带来的美味的同时，慢慢体味历史悠久的中国文化才是好"食材"的真正内涵。

下面就来看看"曲院风荷"美景中代表文化内涵且富含营养的"好食材"吧！

1. "麴"院荷风

"曲院风荷"原叫"麴院荷风"，至于为何"改名换姓"，那便与接下来介绍的两个"名人食材"有关啦！

民国《杭州府志》记载："宋南渡时，取金沙涧水制麴，因立麴院。"

南宋初年，宋高宗赵构定都临安（今杭州），成为南宋第一个皇帝。

相传，赵构终日花天酒地，特地在西湖九里松洪春桥旁设立了一所麴院，招聘天下酿酒能手，专门酿制美酒，供宫廷享用。

有一年六月，麴院满池荷花盛开，酿酒老人们正忙碌地在晒麴、制麴。

忽然，院门口走进来一位五十开外、头戴方巾、身穿青衫的读书人。他一眼望见满池荷花，微风吹过，清香沁人，不禁脱口赞道："多好的荷花，真是一处赏荷胜地啊！"

他一边观赏荷花，一边漫步来到酿酒老人面前，问道："老大爷，请问这是什么地方？"酿酒老人回答说："这是酿酒麴院。"

于是，那位读书人便点上美酒喝了起来。

这时，一阵大风吹过，卷起满池荷瓣，恰巧有一瓣掉在读书人的酒碗之中，霎时间，阵阵荷香、酒香扑鼻而来。

酿酒老人正要替他取掉荷瓣，那读书人连忙伸手阻止："别拿掉，别拿掉！这正是一碗荷香美酒啊！"

于是端起酒碗，整碗饮了下去，连声称赞："好酒，好酒，真有一股荷花香味儿呢！"

酿酒老人听客人称赞他酿制的酒好，又斟上满满一大碗，说："不瞒客官说，我们这麴院制的酒麴，常常有荷花粉吹落进去，酿出来的酒，还真有点荷香呢！"

读书人一连饮了三大碗，趁着酒兴招呼酿酒老人说："多谢老大爷，请你去取笔墨纸砚来！"

酿酒老人取来纸笔，只见那读书人将宣纸往桌上一铺，望着满池荷花，饱蘸浓墨，往纸上一泼，又"唰唰"添上几笔，一片水墨荷花，跃然纸上。那读书人意犹未尽，又举笔画上麯院小屋，题上"麯院荷风"四字，并写上自己的名字。

那读书人将画送给酿酒老人，作为酬谢，告辞而去。酿酒老人虽不识字，也喜爱这幅画，将它挂在麯院里。后来有人告诉他，这是南宋四大画家中马远的手笔啊！

从此，麯院荷风便大大出名，成为"西湖十景"之一。麯院酿制的荷香酒，也成为杭州一大名酒。

除了画家马远，还有一位"名人食材"，这便是历史上鼎鼎大名的康熙皇帝。

话说当年康熙南巡，题写了"曲院风荷"，立碑在曲院亭中，改"麯院"为"曲院"，易"荷风"为"风荷"。

有趣的是，这位"千古一帝"并不是故意这样修改的，而是写了个错别字"曲"，害得300多年来，众多游客苦苦寻找这个"院"到底"曲"在哪里。

当然，他刚刚写出来时，杭州人就心知肚明是皇帝老倌写了个错别字，只是不敢指出而已，因为从宋朝起，当地人已把这里叫作"麯院"。而这个"麯"字当时没有对应的简化字，是不可以写成"曲"的，写"曲"就是别字。

到了康熙的孙子乾隆坐天下时，这个"曲院"仍然没有合理的说法。别字赫然摆在那里，乾隆觉得连自己的颜面都一并不好看了，于是写了一首诗刻在碑的背面："九里松旁曲院风，荷花开处照波红。莫惊笔误传新榜，恶旨崇情大禹同。"

诗中，"榜"是指题字。"恶旨"则是指"绝旨酒"。《战国策》中说，大禹"绝旨酒"，并断言"后世必有以酒亡其国者"。因此，乾隆诗的意思是，康熙哪里是笔误，是因为厌恶喝酒误事，就连造酒的"麯"都不愿意写了。

这样一来，爷爷康熙不但没有写别字，还借改"麯"为"曲"，倡导"恶旨"，长保国运，用心何其良苦。乾隆真是非常厉害，隐恶扬善挖空心思。

当然，不管名称怎么变，"曲院风荷"每逢莲塘碧露、微风送香的初夏季节，满院红、白荷花盛开，煞是好看。

2. 素竹"青"幽

金沙涧为麯院制酒提供了上好的水源，那便不得不提和它相关的另一位"名人食材"——李卫。

李卫（1688—1738年），字又玠，清代名臣。在雍正三年（1725年）调任浙江巡抚，两年后，改任浙江总督，直到雍正九年（1731年）离任。

他在浙江当官的六年时间里，领导疏浚西湖，堆筑金沙堤，堤上又修筑了三孔石桥玉带桥，上面建造红亭，定名为"玉带晴虹"；还在曲院风荷旁，建造了"湖山春社"。

湖山春社，清西湖十八景之一，始建于清雍正九年，坐落在栖霞岭南麓，滨临金沙涧，初名为"素竹园"，包括"湖山神庙"和"竹素园"两部分。

"湖山神庙"的建造来源于李卫的神仙思想，他认为凡是上等的、拥有美好景色的山川

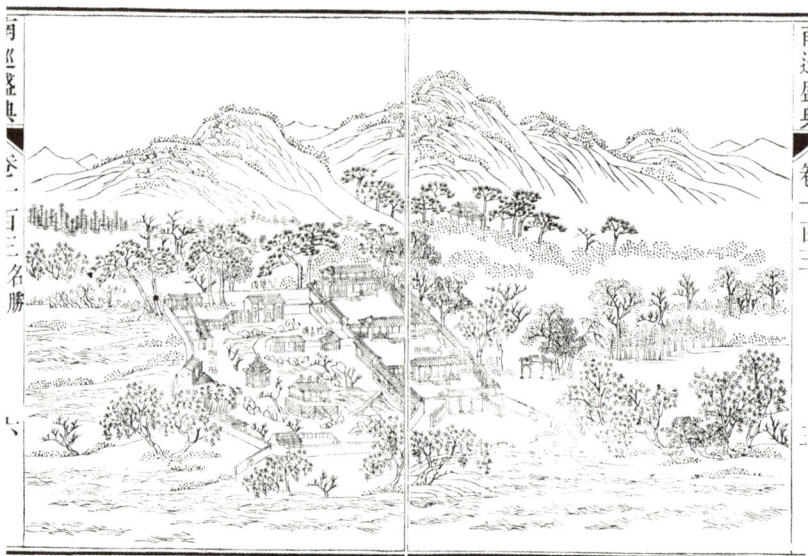

李卫

清·《南巡盛典名胜图录》之"湖山春社"

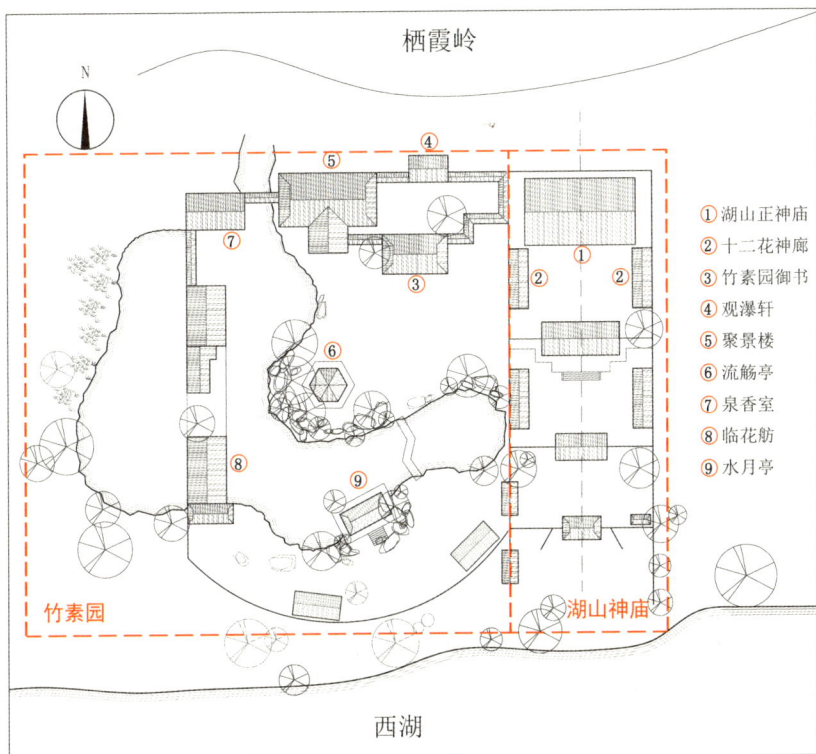

栖霞岭

N

① 湖山正神庙
② 十二花神廊
③ 竹素园御书
④ 观瀑轩
⑤ 聚景楼
⑥ 流觞亭
⑦ 泉香室
⑧ 临花舫
⑨ 水月亭

竹素园

湖山神庙

西湖

湖山春社复原平面图

河流，都对应着上天的星宿，那么如此看来，西湖肯定也有上天对应的宿主，这其中的精华，就显现在了西湖的一草一木之中。

西湖自正月到十二月，每月都有鲜花盛开的植物，这些植物一定也有上天的庇佑。李卫仔细调研了西湖周边的环境，决定在曲院旁兴建湖山神庙来祭祀湖山之神，当中供奉湖山正神，旁边排列十二花神加上闰月花神，所以湖山神庙也称为花神庙。

湖山神庙里供奉的湖山正神和花神，其实是李卫自己和他的几个老婆。后来乾隆南巡，看见西湖花神庙里立着李卫自己及其妻妾的神像，便下旨说："李卫仰借皇考恩眷，任性骄纵，初非公正纯臣。讬（tuō，同'托'）名立庙，甚为可异！"于是命人将神像撤走并烧毁了。

李卫虽然胸无点墨，但很尊重文人，他依照曲水流觞的意境，凿池置石，构筑亭轩，栽培四时花木，引入桃溪清流，在花神庙宇旁修建了"竹素园"。

"竹素"的意思是"浩瀚的典籍"。建造之时，李卫花费了不少心思，希望文人雅士们面对这诗情画意的园林佳境能够文思泉涌、畅饮赛诗。乾隆还御书了"竹素园"匾额。

　　咸丰年间，湖山春社毁于兵乱，到了光绪年间被改建为"蚕学馆"，也就是浙江理工大学的前身。

　　三百年来，西湖风景已有了很大的变化。竹素园虽然还在，但只不过是曲院风荷公园中的一座小园子了。

　　如今的竹素园景区，在岳庙西面，面积2万平方米。进去走过曲曲折折的园中小路，可以看到一座楼门上挂着一块大匾，上面书写着"湖山春社"四个大字。竹素园内有一座江南名石园，园内盆景假山，回廊迷离，修竹青翠，清新恬淡。

江南名石园中的名石"绉云峰"　　　　江南名石园中的名石盆景

　　说到李卫修建的"湖山神庙"，有必要讲一讲"十二花神"的传说。

　　"十二花神"是指一年的12个月，每月有一种当月开花的花卉，叫作月令花卉，而对应每月就有一位或多位才子、佳人被封为掌管此月令花卉的花神。

　　"十二花神"是流传民间的民俗题材，版本很多，花神人物形象众多，在史料中没有找到官方的或权威的版本。不但十二月令花卉的种类和顺序有差异，而且对应每种花卉的花神也众说纷纭，比如正月梅花花神就有寿阳公主、江采苹、林逋、柳梦梅等不同说法。

　　很多历史传说以及文学作品中的女子，因为喜爱某种花卉，并且与她对应花卉的故事传说流传很广泛，她们的形象又深受百姓的喜爱、同情或怜悯，往往就会被文人墨客赋予花神的称号。

民间流传的"十二花神"版本汇总表

农历月份	月令花卉	女性花神	男性花神
正月	梅花	（南北朝）寿阳公主、（唐）江采苹（又称梅妃）	（北宋）林和靖、柳梦梅
二月	杏花	（唐）杨贵妃	（东汉）董奉、（上古）燧人氏
二月	兰花	（南北朝）苏小小	（战国）屈原
三月	桃花	（春秋）息侯夫人妫氏、（元）戈小娥	（北宋）杨延昭、（唐）皮日休、（唐）崔护
四月	牡丹	（西汉）丽娟、（东汉）貂蝉、（唐）杨贵妃	（唐）李白、（北宋）欧阳修
四月	蔷薇	（西汉）丽娟、（南北朝）张丽华	（西汉）汉武帝
五月	石榴	（西汉）卫子夫	（唐）钟馗、（西汉）张春、（南北朝）江淹、（唐）孔绍安
五月	芍药		（北宋）苏轼
六月	荷花(或莲花)	（春秋）西施、（唐）晁采	（北宋）周敦颐、（南北朝）王俭
七月	秋葵	（西汉）李夫人	（南北朝）鲍明远、（东晋）谢灵运
七月	玉簪	（西汉）李夫人	
七月	凤仙花		（西晋）石崇
七月	鸡冠花		（南北朝）南陈后主陈叔宝
八月	桂花	（唐）徐贤妃（徐惠）、（西晋）绿珠	（五代）窦禹钧（也称窦燕山）、（南宋）洪适
九月	菊花	（西晋）左贵嫔（又称左芬）	（东晋）陶渊明
十月	芙蓉花	（五代）花蕊夫人、（北宋）谢素秋	（北宋）石曼卿
十一月	山茶花	（西汉）王昭君	（唐）白居易
腊月	水仙花	（上古）娥皇、（上古）女英、（东汉）洛神、凌波仙子	（春秋）俞伯牙
腊月	蜡梅	（北宋）佘太君（也称老令婆）	（北宋）苏东坡、（北宋）黄庭坚

注：①出自《牡丹亭》的柳梦梅和传说中的水仙花神凌波仙子，无朝代可考；②兰花比较特殊，一年四季均有不同种类的兰花开放，在不同版本的"十二花神"中，兰花分别出现在农历正月、二月、七月和十月，在这里暂且将兰花放在二月。

例如，"回眸一笑百媚生，六宫粉黛无颜色"的杨贵妃，在安史之乱中含恨自尽于马嵬坡，正逢杏花盛开时节，美人香消玉殒，花瓣漫天飞舞，杨贵妃由此化身为杏花花神。还有在西湖浣纱采莲的西施是荷花花神；面似桃花却又红颜薄命的息妫（guī）夫人是桃花花神等。

还有一些著名的文人雅士，因为对某种花卉的喜爱，而留下与此花卉有关的名篇，并借花表达自己的人格气节、高尚情操，也被后人尊为花神。

例如，写下"云想衣裳花想容，春风拂槛露华浓"等赞美牡丹名句的李白是牡丹花神，《爱莲说》的作者周敦颐是荷花花神，"采菊东篱下"的陶渊明是菊花花神等。

这些深受人们尊敬、同情和喜爱的人物，被奉为花神，因此成为特定花卉的象征，他们美丽的形象或高尚的品格也随着花神文化的流传而得以传承和弘扬。

这十二月令花卉的排序符合我国大部分地区的物候规律，其中包括我国自元代至明代逐步形成的传统名花，如兰花、海棠、月季、牡丹、芍药、荷花、桂花、石榴、菊花、梅花、山茶、水仙等。

"十二花神"所掌管的月令花卉都原产于中国，栽培历史悠久，被广大人民群众熟悉并喜爱，同时被历代文人雅士赞颂。

（三）香：香味——园林影响

香，指气味好闻，人类喜好香味是天性使然。如果食物味道好，人们会说：这道菜做得真香。

根据考古发现，"香"最早可以追溯到各个不同大洲的原始部落，那时人们已经开始焚烧香蒿等。香在早期大都作为祭祀、除秽之用。

在我国，香用来祭拜祖先神灵的记载最早是从汉武帝时期开始的。从此以后，"香"在传统文化之中便有了代代相传、生生不息的含义。

所以，评价"曲院风荷"的传播和影响，还得看它是否"香飘万里"。

"曲院风荷"有着沁人舒心的酒香、荷香，以及众多的文化美谈，它的"香味"飘到了北京圆明园和日本东本愿寺涉成园。接下来，就让我们"闻"一下"曲院风荷"在这两个园林中留存的"香味"吧！

1. 圆明园

圆明园是清代大型皇家园林，它坐落在北京西北郊，由圆明园、长春园和绮春园组成，所以也叫圆明三园。

圆明园占地面积3.5平方公里，建筑面积达20万平方米，有150多个景点，素有"万园之园"之称。清代皇帝每到盛夏就来到这里避暑、听政，处理军政事务，因此也被称为"夏宫"。

1684年，康熙首次南巡，因为喜爱江南的景色，所以修筑了畅春园，后来将畅春园以北的华家屯赐予自己的儿子胤禛，取名为"圆明园"。

康熙死后，胤禛继位，又将圆明园扩展数里，扩建后面积达到3000多亩，景点达28处，此时的圆明园已经成为御园。

乾隆皇帝在位期间，除了对圆明园进行局部增建、改建之外，还在其东部新建了长春园，在东南部并入了绮春园。圆明三园的格局基本形成。

圆明园曲院风荷景区，位于后湖的东面，福海的西面，是一处南北狭长的风景群。它是圆明园四十景之一，同时也是园内摹仿西湖十景中占地面积最大的地方。

该景区的主体建筑是曲院风荷殿宇，其西有一座佛楼叫做"洛伽胜境"。其南面有一个占地面积很大的人工湖泊，架在湖上的是一座东西向的九孔石桥，桥的东西两侧各有一座牌楼，西边牌楼名为"金鳌"，东边牌楼名为"玉蝀（dōng）"，在"金鳌"的西南河外侧，有三间名为"四围佳丽"的屋宇。"玉蝀"的东侧，有一座叫作"长虹饮练"的四方重檐亭。

圆明园中的曲院风荷，是五间南向殿，外檐悬有乾隆帝御书的"曲院风荷"匾额，湖中遍植荷花。由于杭州西湖的曲院风荷与圆明园这里的景致相似，所以乾隆帝在《曲院风荷》诗序中写道：西湖麯院为宋时酒务地，荷花最多，是有麯院风荷之名，兹处红衣印波，长虹遥影，风景相似，故以其名名之。诗曰："香远风清谁解图，亭亭花底睡双凫（fú，指野鸭），停桡（ráo，指船桨）堤畔饶真赏，那数余杭西子湖"。

位于曲院风荷之西的"洛伽胜境"，为二层三间的楼宇，外檐悬有

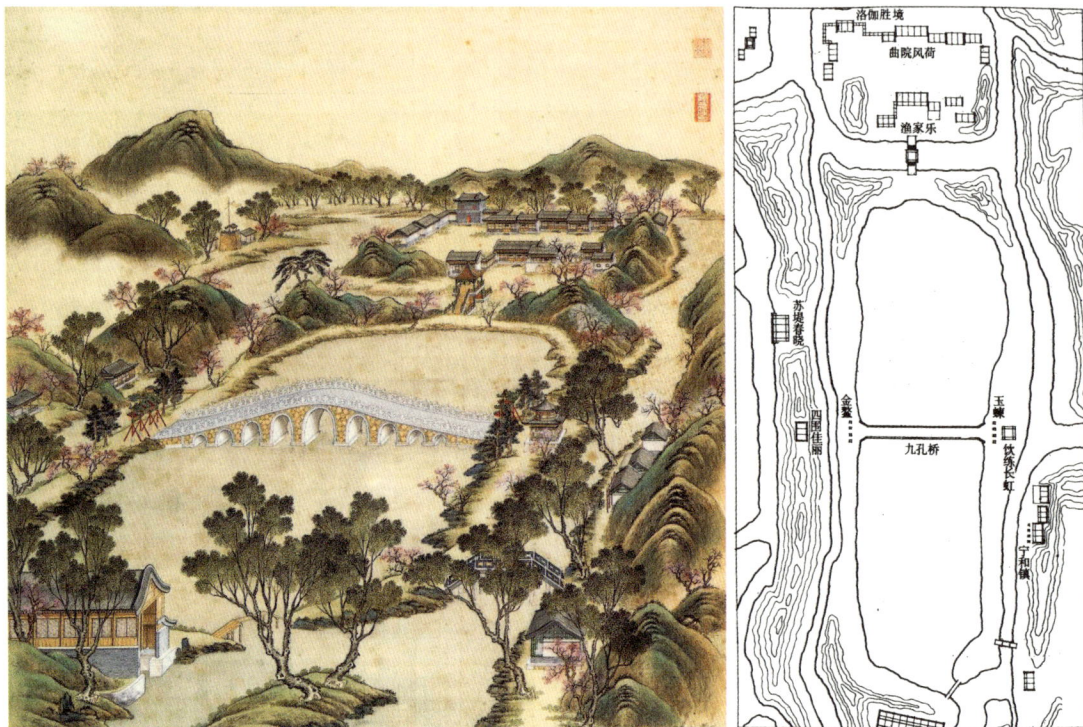

清·沈源、唐岱《圆明园四十景图》之"曲院风荷"及其平面图

乾隆帝御书"洛伽胜境"匾额。洛伽胜境之意出自浙江的普陀山，洛伽山是浙江普陀山的东南方与之隔海相望的一个小岛，上建佛寺，海天佛国，梵名叫做"普陀洛伽山"，是观音菩萨的道场。

除了对杭州西湖曲院风荷景点本身的仿照，圆明园还模仿西湖曲院风荷的湖山春社花神庙建造了"汇万总春之庙"。

这一南一北两座花神庙有什么异同呢？

汇万总春之庙，意思是汇聚了万般春色的庙宇，是一组寺庙型的风景园林群，位于濂溪乐处景区内，南北长100米，东西宽120米，占地1.2万平方米，建筑面积1850平方米。

汇万总春之庙一景，始建不会晚于乾隆初年（1736年），圆明园四十景成图时，已显示濂溪乐处西南对岸的朝日晖重檐亭，及东侧临水十字大亭等景物。但南部寺院及北面临岸石坊等，则是乾隆三十四年和四十九年先后填建而成的。

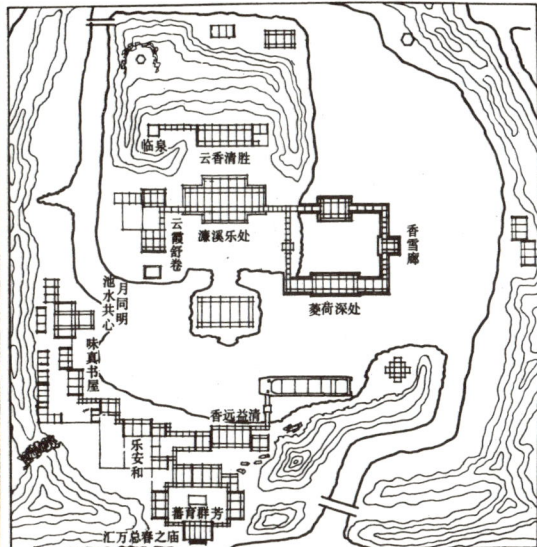

清·沈源、唐岱《圆明园四十景图》之"濂溪乐处"及其平面图

汇万总春之庙的正中主院南边是门殿，石刻乾隆御笔"汇万总春之庙"匾额。主院的北面是五间正殿，供奉花神的牌位，内檐悬挂"蕃育群芳"匾，前面为回廊院，东西配殿各三间。

主院的东北面设置披襟楼，西侧另外有味真书屋、敞轩、方亭等建筑，用曲廊串联，还在岸边构筑了一座模仿船舫的宝莲航石舫。

以前，庙里有一棵大杨树，就像半空中撑着一把大伞，树下可以容纳几百人乘凉。洋鬼子放火烧圆明园的时候，几十个鬼子举着火把，跑到这里准备点火烧庙。

说也奇怪，半空中突然刮起了大风，下起了大雨，那些鬼子兵一个个全跑到树下躲雨。这伙人刚刚站定，只听得咔嚓一声，一根水桶粗的大树杈掉了下来，砸死20多个鬼子，剩下的抱着脑袋全跑了。从此，"花神显灵降神雨，杨树发怒砸鬼子"的故事就传开了。

杭州花神庙在湖的北岸，圆明园的花神庙在湖的南岸，位置不同，格局也有较大的差异。但圆明园的花神庙似乎是杭州花神庙的简化变体，也设置了前殿、后楼。旁边虽然并没有开辟独立的园林，但同样也有轩馆亭榭以及画舫等，依稀可以和竹素园的建筑相对应。

此外，在承德避暑山庄"戒得堂"西北，与其隔湖相对，也有一座

079

供奉花神的汉式寺庙，同样名叫"汇万总春之庙"，俗称"花神庙"，建于乾隆四十七年（1782年）。

2. 日本东本愿寺涉成园

本愿寺，原来叫作大谷本愿寺、山科本愿寺、石山本愿寺。文永九年（1272年）创建于东山，天正十九年（1591年）迁到京都，改名西本愿寺。它是日本京都最大的寺院，是日本佛教净土真宗本愿寺派的总寺院。

西本愿寺位于京都市下京区，正式名称是龙谷山本愿寺。而西本愿寺的东面，仅几条路相隔的距离，就是东本愿寺。两座寺院的建筑呈现左右相反的设计。

东本愿寺是佛教净土宗大谷派总寺院，是征夷大将军德川家康把原来的本愿寺一分为二建立的。东本愿寺曾数次遭受火灾，所以原始面貌已不复存在。现存寺院是明治二十八年（1895年）重建的。

寺内占地面积广大，排列着巨大的伽蓝，位于中心的御影堂是世界最大的木结构建筑物。东本愿寺正门"大师堂门"被称为京都三大门之一，高76米，宽58米。

涉成园在东本愿寺东面150米处，属于寺庙的别院。与东本愿寺几乎同时建成，名字源于东晋诗人陶渊明《归去来兮辞》中的诗句"园日涉以成趣"。

涉成园是池泉回游园，大水池偏于一角，池中布置了两个大岛、两个小岛。大岛以土堆山，山顶建造了茶室，叫做缩远亭，在这里可以观赏园外的景色。廊的对岸临水建构了紫藤架。水池中还有一个小岛、一个龟岛和一个鹤岛。龟岛上竖立了一座九层塔，鹤岛中央竖立了两座高大景石。

缩远亭和紫藤岸就是受杭州"曲院风荷"的影响，都注重利用"借景"和"对景"等手法观赏景物。

涉成园

二、鱼国群鳞乐有余：
红色——花港观鱼

  青色的补色是红色。所以"西湖醋鱼"这道酸甜适中的佳肴，必然是由十色中"青色"和"红色"的"曲院风荷"与"花港观鱼"相辅而成。

  红，是一种鲜艳的颜色，深得人们的喜爱。

  红色是生命、活力、健康、热情、朝气、欢乐的象征。

  由于红色在可见光谱中频率最低，波长较长，衍射能力好，所以比较醒目，视觉上给人一种迫近感和扩张感，容易引发兴奋、激动、紧张的情绪。

  红色的性格强烈、外露，饱含着一种力量和冲动，其内涵是积极、前进向上、勇于奋斗的，为活泼好动的人所喜爱。

  在我国，红色最广泛的应用就在喜庆的场合，像过年过节的鞭炮灯笼、红包红福，以及婚礼时的礼服红烛。

  在国外，红色也被认为代表爱情，如情人节的红心和红玫瑰。爱情、婚姻皆是人们向往的美好事物，红色自然有了吉庆幸福之意。而婚

"花港观鱼"插画（杨翔 绘）

清·《南巡盛典名胜图录》之"花港观鱼"

姻意味着后代的产生，红色也有繁荣昌盛的引申含义。

在花港观鱼公园内，放养着数万尾金鳞红鲤，游人在观鱼池的曲桥上投入食饵或鼓掌相呼，群鱼就会从四面八方游来，争夺食饵，纷纷跃起，染红半个湖面，蔚为壮观。在这里人鱼相悦，其乐融融，正是代表"红色"传递着喜悦的气氛。

花港观鱼公园蒋庄内的"马一浮纪念馆"，是纪念代表着"红色精神"的"儒释哲一代宗师"——马一浮先生，在他身上，具有我们中华民族最有骨气的花——"梅花"的精神品质，鲜艳夺目，独傲冰雪。

说了这么多，是不是迫不及待了？那么赶紧来尝尝这道泛着红晕的特色"美食"吧！

（一）色：卖相——景点介绍

花港观鱼，位于苏堤南段以西，在西里湖与小南湖之间的一块半岛上，三面临水，一面倚山。曾经是南宋内侍官卢允升的私家花园，称为卢园，因为花家山的溪水经过这里流入西湖，所以被称作"花港"。园内栽花养鱼，池水清冽、景物奇秀。南宋宁宗年间，宫廷画师祝穆、马远等创作西湖十景组画时将它列入十景。

嘉兴月波楼发现了金鲫鱼。

之后，公元1000年，杭州六和塔的山沟中和南屏山下净慈寺对面的兴教寺池内，也有了金鲫鱼的身影。杭州有着"东南佛国"的美誉，佛教文化对金鱼的诞生起了重要作用。

其实，最初发现的金鲫鱼只不过是野生的红黄色鲫鱼，是野生鲫鱼的变种。

在古代，这样的红黄色鲫鱼稀少罕见，又颜色亮丽，加上当时的社会环境，很容易被认为它具有神秘性，没人敢食用。大部分金鲫鱼投放到放生池中而受到保护，金鲫鱼就这样被保存下来。

所以苏东坡在公元1089年再游杭州西湖时，曾赋诗说："我识南屏金鲫鱼，重来拊（fǔ，同'抚'）槛散斋余。"

而到了南宋时期，野生金鲫鱼开始从野生池塘迁移到庭院内池，从与其他杂鱼混养转变到单独饲养。南宋文学家岳珂说："今中都有豢（huàn）鱼者，能变鱼以金色，鲫为上，鲤次之。贵游多凿石为池，置之檐牖（yǒu，窗户）间，以供玩。"可见，在南宋，观鱼的活动就很盛行了。

宋代以后，观赏鱼成为园林造景中的一个重要元素，当时金鱼的品种很少，但卢允升凭借自己的权势，四处搜罗金鱼品种养在花港观鱼

花港观鱼"红鱼池"

中，形成当时以"花""鱼"著称的独特景观。

金鱼小巧玲珑，姿态优美，色彩斑斓，在水藻、莲叶间悠然嬉戏，深受人们的喜爱。

文人雅士喜爱饲养金鱼，因为它与"金玉"谐音，寄托了人们对"金玉满堂""金玉同贺"的美好祈愿。

2. 牡丹园

牡丹园是花港观鱼公园的核心景区之一。全园面积约1万平方米，纵横交错的鹅卵石小路把全园分割成18个小区。

牡丹园最高处是重檐八角攒尖顶的牡丹亭，匾额由当代文学家茅盾题写。园内栽培了数百株色泽鲜艳、富丽名贵的牡丹珍品，如魏紫、姚黄、绿玉、胭脂点玉和娇容三变等，其中最著名的是来自安徽省宁国县的"玉楼春"。此外，还配置山石和苍松、翠柏、芍药、红枫、紫薇、海棠、杜鹃、梅树等花木，高低错落，疏密得体。

牡丹是中国传统名花之一，色泽艳丽，富丽堂皇，素有"花中之王"的美誉。牡丹花大而芳香，又有"国色天香"之称。

牡丹品种繁多，色泽也多，以黄、绿、肉红、深红、银红为上品，尤其以黄、绿最为珍贵。

牡丹栽培历史悠久，至今已有一千六百多年的历史。作为牡丹栽培

花港观鱼"红鱼池""牡丹园"鸟瞰

花港观鱼"牡丹园"

中心之一，早在唐宋时期，洛阳即已具备系统的栽花技艺，形成赏花习俗及与牡丹有关的诗词、书画、传说、服饰等，以"洛阳牡丹甲天下"的美名流传于世。

唐朝诗人白居易"花开花落二十日，一城之人皆若狂"和刘禹锡"唯有牡丹真国色，花开时节动京城"的诗句正是描写洛阳城内牡丹盛放的景象。

在清代末年，牡丹曾被当作中国的国花。1985年5月，牡丹被评为中国十大传统名花之一。牡丹在中国很多地区都有栽培，并早已引种至世界各地。

3. 大草坪

大草坪景区北临西里湖，视野辽阔，可极目远眺北山一带的湖光山色和六桥烟柳。

景区采用开朗空间处理手法，境界开阔。边缘种植大片雪松纯林，与周围景区分开，气势磅礴，构图简洁，与密林区的闭塞空间形成鲜明对比。

为打破大草坪空间的单调，草坪中央布置了一个桂花树群环抱而成的闭合空间，构成了空间的多重性。

花港观鱼"大草坪"

4. 蒋庄

蒋庄原名"小万柳堂"，原本是无锡人廉惠卿的别墅园，国学大师马一浮先生的弟子蒋国榜买下后进行了改建，所以俗称蒋庄。

蒋庄是杭州保留比较完整的私家庭院，被称为西湖四大古典园林之一。

蒋庄的布局，按照"郊园贵野趣，宅园贵清新"的美学原则做指导，先在东南角水边布置了一座亭子，用长桥与苏堤相接，以得到"长桥卧波，未云何龙？复道行空，不霁何虹"的审美意境。

在长桥与北面粉墙之间，则又留出一部分湖面与苏堤接壤，在湖畔大量种植垂柳，不加修葺。每当春花秋月之际，清风徐来，人们可尽情享受到"梨花院落溶溶月，柳絮池塘淡淡风"的闲适。

蒋庄南面没有围墙，直接与湖水相连，在水边设置了石栏杆，可以借景小南湖和湖南面远处的荔枝峰，视域极其开阔，在室内向外眺望，即可收到"远山含苍水，近水入楼台"的效果；一年四季，看到的景象不同，"春见山容，夏见山气，秋见山情，冬见山骨"。

西边建了一座厢楼，以楼代墙，既可遮挡烈日西晒，又可克服"雅淡之园难深"的缺陷，并给人一种"画栋朝飞南浦云，珠帘暮卷西山雨"

的意境。

北面则堆土成坡，栽植修竹，堆筑粉墙，体现出"宁可食无肉，不可居无竹"的雅趣。

综观蒋庄，把园中景物和园外山水融为一体，"借得山水秀，添来气象新"，从而得到了"两面长堤三面柳，一园山色一园湖"的极佳艺术效果。

马一浮纪念馆是蒋庄的主楼。1950年，国学大师马一浮先生应弟子蒋国榜邀请，前往蒋庄居住，直到"文革"开始，整整17年。期间，陈毅元帅、周恩来总理等均曾访问、合影。

馆内分生平、诗学、书法和书房四部分，以实物、图片、手稿和文献资料，介绍马一浮先生的生平事迹。

花港观鱼"蒋庄"与"鱼池古迹"鸟瞰

蒋庄内的马一浮纪念馆

（二）味：食材——名人轶事

代表"红色"的"花港观鱼"中的食材自然少不了"火辣辣"，那就让我们看看是什么样的"红色"酱料吧！

1. 题"鱼"非"火"

康熙三十八年（1699年），清圣祖仁皇帝爱新觉罗·玄烨，即康熙皇帝驾临西湖，题写了"花港观鱼"四字，并刻石碑建在红鱼池畔。其中的"鱼"字，繁体写法是下面四点——"魚"，而石碑上的鱼字下面只有三点。

在汉字里，三点象征水，四点象征火。鱼遇到水就有生机，遇到火只有死路一条。传说康熙皇帝不忍心看见鱼死，便将碑文中"鱼"字底部的四点改写成了三点，意味着让鱼永远欢快地生活在水里，以显示皇恩浩荡，泽被万物的意思。这也给后人留下了一段有趣的典故。

这块石碑阳面是康熙题的"花港观鱼"四个字，阴面是乾隆的诗："花家山下流花港，花著鱼身鱼嘬花。最是春光萃西子，底须秋水悟南华。"

2. 雪胎"梅"骨

雪胎梅骨，本意比喻高洁。

梅花名列中国十大传统名花之首，与兰花、竹子、菊花一起列为"花中四君子"，与松、竹并称为"岁寒三友"。梅花在严寒中怒放，开百花之先，独天下而春，象征坚韧不拔、不屈不挠、奋勇当先、自强不息的精神品质。有人认为，梅花的品格与气节几乎写意了中国人"龙的

康熙题"花港观鱼"御碑

花港观鱼"梅影坡"

传人"的精神面貌。

我国人民几千年来对梅花都深爱有加。文学艺术史上，梅诗、梅画数量之多，足以令任何一种花卉都望尘莫及。

今天的这一朵迎雪吐艳、凌寒飘香的"梅花"，就是国学大师马一浮先生题笔命名的花港观鱼牡丹园东南坡平台旁的古梅。

在牡丹园景区主体建筑牡丹亭畔小径的一侧，种植了一株古梅，梅树下，以黑白卵石在路面上砌成此梅的姿影图案，马一浮先生取名为"梅影坡"。这一景象取自宋代诗人林和靖《山园小梅》诗中"疏影横斜水清浅，暗香浮动月黄昏"的意境。

"墙角数枝梅，凌寒独自开。遥知不是雪，为有暗香来。""梅花"是我们中华民族最有骨气的花！梅花的品质和精神，在马一浮先生身上体现得淋漓尽致。

马一浮（1883—1967年），浙江会稽（今绍兴）人，中国现代思想家、诗人和书法家。他是引进马克思《资本论》的中华第一人，与梁漱溟、熊十力合称为"现代三圣"（或"新儒家三圣"），现代新儒家的早期代表人物之一，《浙江大学校歌》的词作者，浙江大学原教授。他对古代哲学、文学、佛学造诣精深，又精于书法，将章草、汉隶合为一体，自成一家。

马一浮先生是浙江社会贤达汤寿潜的女婿，婚后3年妻子就病逝了，于是立志终身不娶。他被丰子恺敬为"今世的颜子"，梁漱溟称他为"千年国粹，一代儒宗"，周恩来与陈毅称他为"国宝"，蒋介石曾请他传承中华文脉，毛泽东见了他说"久仰大名，久仰大名"。

20世纪50年代，马一浮受学生蒋国榜邀请入住花港观鱼蒋庄，在西湖的文化里，除了林逋的大隐山水外，马一浮也是一位深隐于世的大师。

辛亥革命爆发后，马一浮积极追随孙中山先生，并受蔡元培邀请出任教育部秘书长，但去了不到两周就辞官回了西湖，他说："我不会做官，只会读书。"

他不求发达，蒋介石邀他做官，他拒绝；孙传芳求见，他拒绝；孔祥熙求字，他拒绝。孑然一身，身居陋巷，潜心研究儒、释、道等中国传统文化，为中国传统文化的传承做出了重大贡献。

抗日战争爆发，激起了马一浮的一片爱国热情。他打破了"平生杜门、未尝聚讲"的守规，应浙江大学校长竺可桢的邀请出山讲学。

国学大师马一浮先生

马一浮与蒋国榜在蒋庄

在马一浮先生身上，我们看到了如"梅花"般奋勇当先、自强不息的精神品质。正如著名作家陈慧瑛散文《梅花魂》中所说："这梅花，是我们中国最有名的花。旁的花，大抵是春暖才开花，她却不一样，愈是寒冷，愈是风欺雪压，花开得愈精神，愈秀气。她是最有品格、最有灵魂、最有骨气的！"

（三）香：香味——园林影响

花港观鱼由于具有优美的园林景观、深厚的文化底蕴，其"香味"飘到了位于北京西北郊的圆明园和日本东本愿寺涉成园内。

接下来，我们就来闻闻这"香味"的馥郁程度吧！

1. 圆明园

在清代皇家园林中，赏鱼景观遍及各地，其中，以圆明园最多，也最为典型，圆明园的观鱼之处几乎遍及全园。

其中原因主要有：

（1）圆明园是典型的水景园，由于原址沿泽地比较多，所以人工开凿了大量的水池，以至于水域面积达到全园面积一半以上，有水便有鱼，赏鱼自然成为园中的一大乐趣。

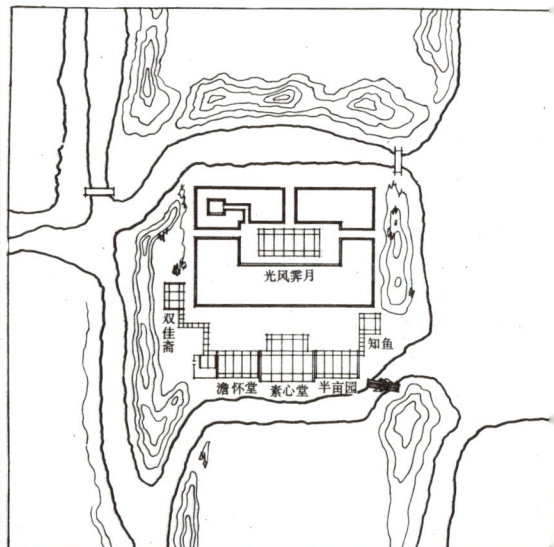

清·沈源、唐岱《圆明园四十景图》之"坦坦荡荡"及其平面图

（2）赏鱼风气在明清非常盛行，所以园中养鱼也是造园的一大特色。圆明园中赏鱼景点众多，例如坦坦荡荡、濯鳞沼、池上居等。

其中，《圆明园四十景图》中的"坦坦荡荡"一景就是模仿杭州"花港观鱼"，是圆明园中专设的养鱼区，四周建置馆舍，中间开凿大水池。

此景位于后湖西岸，堆山低而少，建筑小而矮，以平坦见长，可将西山景色引入园内观赏。

坦坦荡荡有三楹建筑，前部是素心堂，后部是光风霁月，东北是知鱼亭，凿池观鱼。池中喂养了数千头锦鲤，是皇帝观赏金鱼的最佳处，俗称"金鱼池"。

此外，圆明园内还有一处叫作"花港观鱼"的景点，位于西峰秀色岛的北岸，西面与长青洲相对，乾隆九年（1744年）《圆明园四十景图》上显示为一座木板桥，上面架设了三间棚顶，板桥中间可以自如开合。

圆明园花港观鱼一景只是作为西峰秀色、小匡庐、长青洲的点缀，属于辅助型景观，它与杭州西湖并没有多少对景可言。

2. 日本东本愿寺涉成园

日本东本愿寺涉成园中的景点名称都是源于中国经典，如漱枕居典出"漱石枕流"，指隐居生活。

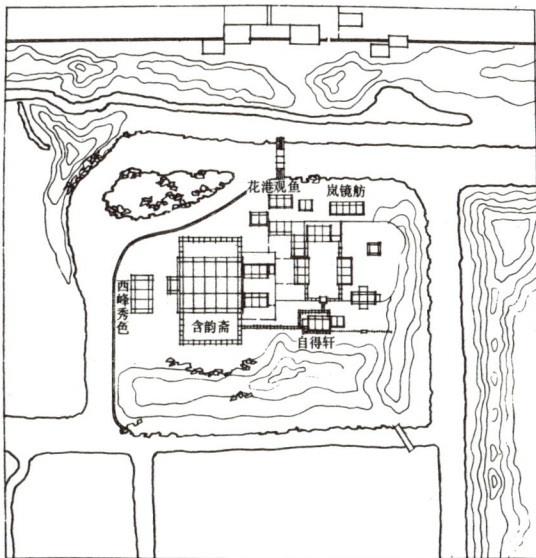

清·沈源、唐岱《圆明园四十景图》之"西峰秀色"及其平面图

南朝宋文学家刘义庆《世说新语·排调》中说：晋代有个叫孙楚的人，想要隐退山水之间，就告诉他的好友王济说自己将"枕石漱流"，但在表达时误说成"漱石枕流"。王济听后，问道："水流可以枕着、石头可以用来漱口吗？"孙楚解释说："我之所以枕着流水睡，是想要洗干净自己的耳朵；之所以用石头漱口，是想要磨练自己的牙齿。"❶

涉成园中的主要景点有：双梅檐、闲风亭、侵雪桥、缩远亭、紫藤岸、回棹廊、傍花阁、园林堂、芦庵、滴翠轩和临池亭等。

其中，漱枕居和双梅檐的设计就是受杭州西湖"花港观鱼"的影响。

漱枕居位于园中水池的一侧，是一幢颇为隐秘的小型茶室。室内的两个推拉窗是一对框景，框的景分别是侵雪桥和小岛红叶林。漱枕居一面临水，其余则被高大的树木包围，仿佛是一处隐居的理想之地，真可谓设计者的点睛之笔。

---

❶《世说新语·排调》原文为：孙子荆年少时欲隐，语王武子"当枕石漱流"，误曰"漱石枕流"。王曰："流可枕，石可漱乎？"孙曰："所以漱流，欲洗其耳；所以漱石，欲砺其齿。"

第二道

"东坡肉"：
春光——苏堤春晓、柳浪闻莺

东坡肉

先说东坡肉。

东坡肉在浙菜、苏菜、川菜、鄂菜等菜系中都有，且各地做法也有不同，有先煮后烧的，有先煮后蒸的，有直接焖煮收汁的。东坡肉的主料和造型大同小异，主料都是半肥半瘦的猪肉，成品菜都是码得整整齐齐的麻将块儿，红得透亮，色如玛瑙，夹起一块尝尝，软而不烂，肥而不腻。

东坡肉相传为北宋大文豪苏东坡担任徐州知州时创制，被贬黄州担任团练副使时得到进一步提高，最后在杭州担任知州时闻名全国。

关于"东坡肉"，还有一段脍炙人口的故事。

宋哲宗元祐四年（1089年），苏东坡来到阔别15年的杭州任知州。他看到西湖淤积，便组织民工疏浚西湖，筑堤建桥，使西湖旧貌变新颜。

杭州的老百姓很感激苏东坡做的这件好事，听说他在徐州及黄州时最喜欢吃红烧肉，于是许多人上门送猪肉。

苏东坡收到后，便指点家人将肉切成方块，然后烧制成熟肉，分送给疏浚西湖的民工们吃。他送来的红烧肉，民工们都亲切地称为"东坡肉"。

当时，杭州有家大菜馆的老板，听说人们都夸"东坡肉"好吃，也按照苏东坡的方法烧制，挂牌写上有"东坡肉"出售。这道新菜一上市，那家菜馆的生意很快兴隆起来，门庭若市。一时间，杭州不论大小菜馆都出现了"东坡肉"。

后来，杭州厨师们公议，把"东坡肉"定为杭州第一道名菜，备受人们喜爱，流传至今。

"东坡肉"薄皮嫩肉，色泽红亮，味醇汁浓，酥烂而形不碎，香糯而不腻口，吃完让人满面"春光"。那今天的这道"东坡肉"别具风味，正是泛着桃红柳绿、莺鸣柳舞"春光"的"苏堤春晓"和"柳浪闻莺"。

一、春晓烟桥景翠低：绿色——苏堤春晓

绿色是自然界中常见的颜色，在光谱中介于黄与青之间。

绿色是最常见的一种环保色，代表意义为清新、希望、安全、平静、舒适、生命、和平、宁静、自然、生态、环保、成长、生机、青春、放松。

绿色是植物的颜色，在中国文化中有生命的含义，也是春季的象征。

"苏堤春晓"插画（杨翔 绘）

清·《南巡盛典名胜图录》之"苏堤春晓"

"苏堤春晓"正如一位翩翩而来的报春使者，杨柳夹岸，湖波如镜，映照倩影，无限柔情。像"绿色"一般沁人心脾，轻风徐徐吹来，柳丝舒卷飘忽，置身堤上，勾魄销魂。

"苏堤春晓"中的名人轶事也正有着"绿色"般鼓舞人心、乐观积极的象征，所以若有"三千烦恼丝"，不如来一品"苏堤春晓"吧！

（一）色：卖相——景点介绍

苏堤南起南屏山麓，北到栖霞岭下，全长2.8公里，是北宋大诗人苏东坡任杭州知州时，疏浚西湖，利用挖出的葑泥构筑而成。后人为了纪念苏东坡治理西湖的功绩，将它命名为苏堤。

南宋时，苏堤春晓被列为西湖十景之首，元代又称之为"六桥烟柳"而列入钱塘十景，足见它自古就深受人们喜爱。

苏堤春晓主要有两大观赏点：一是作为西湖"两堤三岛"格局的基本要素之一；二是"六桥烟柳"和桃柳相间的植物景观。

1. 两堤三岛

苏堤长堤卧波，连接了南山北山，给西湖增添了一道妩媚的风景线。

它与白堤，以及小瀛洲、湖心亭、阮公墩三岛共5个要素组成了"两

苏堤春晓

堤三岛"的西湖景观格局。

纵横的两条长堤、点状的三岛将西湖水面分隔为5片水域。

2. 六桥烟柳

从苏堤的南端入口，一路往北，经过映波桥、锁澜桥、望山桥、压堤桥、东浦桥，最后到达跨虹桥。走在堤、桥之上，湖山胜景如图画般展开，是观赏西湖水光山色的最佳地带。

堤上六桥各具观赏特色：映波桥与花港观鱼景点相邻，垂杨带雨，烟波摇曳；锁澜桥近看小瀛洲，远望保俶塔，近实远虚；望山桥上西望，重峦叠嶂，如水墨山水画；压堤桥约位于苏堤南北的黄金分割点上，古时又是湖船东来西去的水道通行口；东浦桥是湖上观日出的最佳地点之一；跨虹桥看雨后长空彩虹飞架，湖山沐晖，如入仙境。

堤上栽种了许多树木，其中有芙蓉、桂花、玉兰、夹竹桃、樱花等名贵花木。更为特别的是，每隔一定间距就有一株垂柳或一株桃树，桃柳夹种，红红绿绿，柳丝袅袅，如烟如纱，故有"苏堤景致六吊桥，一株杨柳一株桃"的说法。

"苏堤春晓"景观最美自然在春天。每当春季到来，人们行走在西湖

岳王庙

北山路

跨虹桥

247米
397步

东浦桥

525米
844步

苏
堤

苏堤春晓

压堤桥

西
里
湖

602米
968步

望山桥

446米
717步

堤

锁澜桥

花港观鱼

516米
829步

小南湖

映波桥

南山路

明·陈一贯《六桥烟柳》

六桥烟柳

苏堤春季桃红柳绿景观

102

湖堤之上，望见大堤两岸夹植的桃柳，水中的倒影在晴朗的天色映衬下美丽动人。微风吹拂，柳丝轻轻摆动，如烟如纱；桃花在枝头争春，如诗如画。

这优美的景致，令明代文学家聂大年吟出了千古绝唱："树烟花雾绕堤沙，楼阁朦胧一半遮。三竺钟声催落月，六桥柳色带栖鸦。"

（二）味：食材——名人轶事

说到"苏堤春晓"的"食材"，那必是与大文豪苏轼有关啦。不管是他不顾自身祸福疏浚西湖、绿化苏堤，还是春日泛舟西湖题下的佳句，都使"苏堤春晓"这一"佳肴"更加醇厚甘美！

1. 舍身"绿"湖

当我们漫步在苏堤上，就会情不自禁地想起杭州市的"老市长"苏轼，他曾两次来杭州赴任，第一次是37岁时任杭州通判（相当于副市长兼纪委书记），第二次是54岁时任杭州知州（相当于市委书记兼市长）。虽然两次任期都只有两年，加起来只有四年，但是他为杭州建设所做的贡献可以说是千古流芳。

北宋元祐四年（1089年），苏轼到杭州任知州，在离开十五年后，五十四岁的他，第二次主政杭州，看见西湖草长水枯，沼泽化日益严重，如果再不治理，二十年后可能将不复存在。

苏轼认为："杭州之有西湖，如人之有眉目"，是决不可废的。他看在眼里，急在心头，先后向朝廷上奏《杭州乞度牒开西湖状》和《申三省起请开湖六条状》，向皇帝陈述了西湖有水产、饮用、农田灌溉、内河航行、酿酒等重大作用，要求朝廷准许疏浚西湖。

朝廷批准了这个请求。

疏浚西湖的告示张贴出来了，可

杭州"老市长"：苏轼

杭州苏东坡纪念馆与苏轼石像

苏轼却被一件事难住了：疏浚出来的葑草湖泥堆放在何处呢？如果堆在西湖四岸，既妨碍交通，又污染环境；如果挑运到远处去，费工费事，何年何月才能将西湖疏浚好？愁得苏轼三天三夜饭也吃不香，觉也睡不稳。第四天，他决定到西湖四周走走，看看如何更好地处理这件事。

苏轼带上随从，骑马先到北山栖霞岭。一看这里是通往灵隐、天竺的要道，堆放葑泥，显然不妥当。于是，想转到南屏净慈寺去看看。他站在西泠渡口，正想上渡船，突然听到柳林深处传来一阵渔歌声："南山女，北山男，隔岸相望诉情难。天上鹊桥何时落？沿湖要走三十三。"

苏轼一听，心中一阵高兴：这不是在向我献计献策吗？对，天上可架"鹊桥"，湖上难道不能修长堤？这样，既解决了湖上葑泥堆放场所，又方便了南北两岸交通，真是一举两得啊！

苏轼高兴地喊了一声："好！再到湖对岸去看看。"这时，从柳林中飞出一条小船，船头站着一个青年渔民，身打躬，手作揖，向苏轼说："小民在此等候大人多时，快请上船吧！"

苏轼又惊又喜，问道："你何以知道我要来湖边？"那青年回答道："听说大人要疏浚西湖，自然要到湖边来亲自察看，因此特来恭候。"苏轼说："好啊，那刚才的渔歌一定是你唱的了！"小青年笑笑说："是啊，这就是我们西湖南北山小民的心愿啊！"

苏轼乘上渔船，来到南山。柳林中又驶出一只小船，飞扬起一阵清脆的歌声："南山女，北山男，年龄大过二十三。两情相慕难诉说，牛郎织女把堤盼。"苏轼听了，哈哈大笑道："唱得好，唱得好，南山女，北山男，让我在湖上筑一条长堤，成全你们的好姻缘吧！"

要在西湖上筑堤的消息不胫而走，南北山渔民、农民和城里市民都闻讯赶来，自愿出工出力。为了加快进度，苏轼常常亲自到施工现场，与工人一同劳动、一起吃饭。

然而，从湖里挖出的淤泥太软，要修堤坝必须掺和硬土，经过考察，苏轼让工人们挖掘慧因高丽寺旁的赤山硬土来筑湖堤，但此举遭到高丽寺僧人们的强烈反对。僧人们声称赤山乃风水宝地，掘土将导致祸患。

工程被迫搁置下来，苏轼闻讯赶到现场，道理讲了再讲，可僧人们毫不退让，理由还是：破坏风水，天降灾祸谁来担当？

赤山硬土挖还是不挖，苏轼反复掂量着心中的天平。孰轻孰重？"天地之间，莫贵乎民；悠悠万事，唯民为大。"他告诉僧人们："事由我而起，上天若降灾祸，就冲着我来，但筑堤之事绝不能耽误。我愿雕刻自身石像，舍身为高丽寺护法。"

苏轼把竭尽全力为百姓做好事、做善事视作自己的最大追求，对于风水祸凶会招致何等后果，对自己有何利害，早已置之度外。

于是，湖边便有了这尊"护法"石像，千百年来一直守望着西湖。今天，踏进花家山庄，石像碑亭旁的那副对联墨香犹存："垂老舍身依古寺，长留真相在西湖。"

正是苏轼顶住压力办惠民之事的担当，苏堤修成，利民造福。后人为怀念苏轼浚湖筑堤的功绩，就将这条南北长堤称为苏堤。每年春天，踏上苏堤，桃红柳绿，鸟鸣莺啼，成就了"苏堤春晓"的美景。

"东坡处处筑苏堤"，其实，苏堤不止有一处。

公元1091年，苏轼以龙图阁学士的身份担任颍州（今安徽阜阳）知州时，对颍州西湖也进行了疏浚，并筑堤。

公元1094年，苏轼被贬至广东惠州。在那里，他把皇帝赏赐的金犀带拿出来，捐助疏浚西湖，同样修了一条长堤。为此，"父老喜云集，箪（dān）壶无空携，三日饮不散，杀尽西村鸡"，人们欢庆不已。

2. "春"题湖上

宋朝的文治盛世使得山水画与山水诗得到了空前的发展，由于文人画家本身具有高度文学涵养，会不自觉地在绘画创作中对文学艺术进行借鉴，并将诗词中所要表达的情感以更为直观的方式呈现出来。

苏轼不仅在城市水利营造史上卓有建树，而且在塑造城市山林、开发城市山水文化方面也有很多值得称道的地方。中国古代城市风景史上著名的"西湖"文化现象，很大程度上就和苏轼的妙笔点化、诗文推荐有关。

"天下西湖三十六"，苏轼贬官所到的地方，有不少西湖做伴，而且各处西湖一经诗人点化，都成了千古名胜。其中最著名的案例，莫过于他在杭州西湖、颍州西湖与惠州西湖的风景佳话。

三处西湖的景观营造和文化开拓的历史也有很多相似的地方，最重要的是，这三处西湖都是通过文人的诗篇笔墨，最终凝成的城市风景记忆，这种记忆甚至可以超越西湖的山水实体，独立存在于城市的文化记忆之中，成为一座城市最靓丽的风景线和近乎永恒的亮点。

"三处西湖一色秋，钱塘颍水与罗浮"，宋代诗人杨万里的诗句里道出了这三处西湖在宋代山水城市史上三足鼎立的地位。

尤其是北宋以来的代代贤良郡守和一大批具有高度文学修养的官员，是他们首开了风景营造和欣赏的先河——"颍州八景""惠州八景"和最著名的杭州"西湖十景"等，但这些风景又大多是在苏轼执政时期才最终完成的。

苏轼任惠州知州的时候，把惠州西湖打造成了一座堪与杭州西湖媲美的岭南山水名胜。这座同样具有二堤、六桥的南国名胜在当时被称为西湖，也是情理之中。但相对于惠州西湖的山水实体建设，苏轼的笔墨更多地赋予西湖山水以文化上的灵性，留给惠州更为深厚久远的城市记忆。

清朝雍正初年惠州知府吴骞有《诗西湖》一首，这样写道："西湖西子比相当，浓抹杭州惠淡妆，惠是苎萝（zhù luó，指浙江诸暨西施故乡）邨（cūn，同'村'）里质，杭教歌舞媚君王。"惠州西湖淡雅而清新，像天生丽质的少女，自然清纯，有"苎萝村之西子"的美誉；杭州西湖浓艳而具有暖意，像雍容华贵的少妇，人称"吴宫之西子"。

山水诗历来是文人墨客寄托内心精神世界的文学表达，就是为了表达作者的所见、所闻、所思、所感，从表现物质自然世界到将自然拟人化，这与山水画的发展有着惊人的相似。

惠州西湖

　　"水光潋滟晴方好，山色空蒙雨亦奇。欲把西湖比西子，淡妆浓抹总相宜。"此诗既写杭州西湖也写惠州西湖，既写景也写人。想当初，苏轼在杭州西湖上初识朝云，写下了"淡妆浓抹总相宜"的名句；20多年后，朝云在惠州病逝，他又将"每逢暮雨倍思卿"的哀思，永远留在西湖六如亭的楹联上。

　　惠州西湖因苏轼而闻名，苏轼因西湖而与天地同在。漫步西湖，所见景物几乎都与苏轼有关。湖边的泗洲塔，因为苏轼一句"玉塔卧微澜"，就跻身于西湖八景之列；脚下的苏堤和西新桥，本是苏轼为便利交通而建，无心中却造出一个"苏堤玩月"。

　　杭州西湖的美让苏轼心醉不已，在词中也留下了许多描绘西湖的佳作。如《瑞鹧鸪·城头月落尚啼乌》："城头月落尚啼乌，朱舰红船早满湖。鼓吹未容迎五马，水云先已漾双凫（fú，指野鸭）。映山黄帽螭（chī，指一种没有角的龙）头舫，夹岸青烟鹊炉。老病逢春只思睡，独求僧榻寄须臾。"

这首词写的是黎明前夕西湖湖上、岸边的景致，青山倒映在湖中，大大小小的游船来往于湖中，用篙撑船的小伙驾驶着龙舟，岸上青烟缭绕，随船飘动。既写西湖的景色，又描绘风俗画，给人清新的感觉，描写出西湖的美，体现出苏轼对西湖由衷的喜爱之情。

苏轼脍炙人口的诗篇为这些普通风景注入了浓浓的诗情画意，并通过诗人、景物与故事的交融，逐步沉淀、永恒下来，凝成西湖文化史上一道靓丽的风景线。

（三）香：香味——园林影响

看完"苏堤春晓"这一醇厚甘美的"佳肴"，也知道其"食材"丰富，所以"香味"自然是馥郁芬芳，影响了圆明园、颐和园、承德避暑山庄和很多日本园林的景观营造。

接下来，我们就来看看这"香味"的馥郁程度吧！

1. 圆明园

圆明园对杭州西湖湖上堤岛的模仿营造最为突出，并延续了杭州西湖"苏堤春晓"之名。

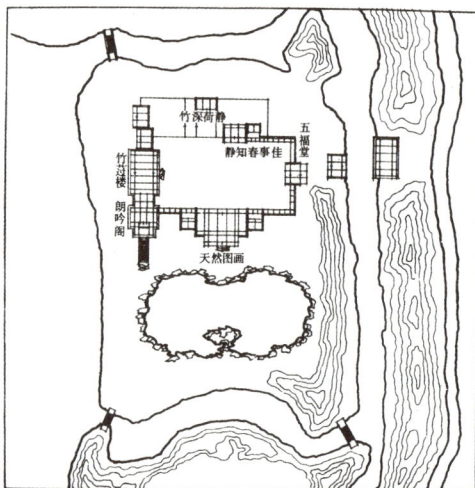

清·沈源、唐岱《圆明园四十景图》之"天然图画"及其平面图

圆明园"苏堤春晓"位于九州景区与"曲院风荷"之间一条南北狭长的土堤上。主体建筑是一座三间卷棚敞轩,上面挂着"苏堤春晓"的匾额。敞轩向西跨河有一座板桥(可能是水廊,或建有桥亭),与天然图画岛东端小亭相连。

圆明园"苏堤春晓"在结构上与杭州西湖该景区略为相似,花树繁茂,可以从中管窥西湖烟柳的胜景。

从《圆明园四十景图》上看,苏堤春晓虽然也位于一条堤岸上,但仅仅是池塘岸边的普通小堤。无论如何,这处景观与西湖苏堤相比,其规模、走向、形态均大相径庭,只是略有堤和桥之名,已经完全是一种符号化的处理手法。

不过,虽然二者在规模上存在着较大的差异,但圆明园苏堤春晓的整体意象高度仿照西湖苏堤,通过营造"一池一溪"的景观来模仿杭州西湖,从而将苏堤代入,上面种植各色花木,形成绚烂多姿的景象。

2. 颐和园

颐和园,是清朝时期著名皇家园林,最初叫作清漪园,坐落在北京西郊,距城区15公里,占地约290公顷,与圆明园毗邻。它是以昆明湖、万寿山为基址,以杭州西湖为蓝本,汲取江南园林的设计手法而建成的一座大型山水园林,也是现今保存最完整的一座皇家行宫御苑,被誉为"皇家园林博物馆"。

清乾隆十六年(1751年),乾隆皇帝南巡到杭州,遍访西湖名胜,尤其钟情"苏堤春晓"的景色,于是让随行画师描绘下这个美景,到京城后,决定在昆明湖西侧开辟一个湖,仿照杭州西湖苏堤的景致建一座长堤,取名为西堤,堤上也修建六座桥,就是颐和园现在的西堤六桥。

西堤及其支堤把湖面划分为三个大小不等的水域,每个水域各有一个湖心岛——"南湖岛""治镜阁岛"和"藻鉴堂岛"。这三个岛在湖面上成鼎足而峙的布列,象征着中国古老传说中的东海三神山——蓬莱、方丈、瀛洲。

西堤一带碧波垂柳,自然景色开阔,可以看到园外数里的玉泉山秀丽山形和山顶的玉峰塔影。

乾隆二十三年(1758年)御制诗《荇桥》中写道:"六桥一带学西湖,蜿蜒长虹俯接余。"乾隆将昆明湖西堤与杭州西湖苏堤的神似度发挥

颐和园"西堤"春景

到了极致。春天，西堤桃红柳绿，呈现的正是苏堤"间株杨柳间株桃"的景致。

西堤上的六桥也是仿照苏堤六桥建造的。对于玉带桥的摹仿，乾隆三十五年（1770年）御制诗《玉带桥》中说："长堤虽不姓髯苏，玉带依然桥样摹。荡桨过来忽失笑，笑斯着相学西湖。"

由此可见，杭州西湖苏堤与颐和园西堤之间虽在形态上存在些许差异，就是西堤较之苏堤略显曲折；但在整体意象上，西堤的营造要素多模仿西湖，就是借助万寿山比拟杭州西湖孤山，以昆明湖比拟杭州西湖，以西堤比拟西湖苏堤，并在堤上植柳栽桃、设置六桥，可谓是杭州西湖苏堤的高度模仿。

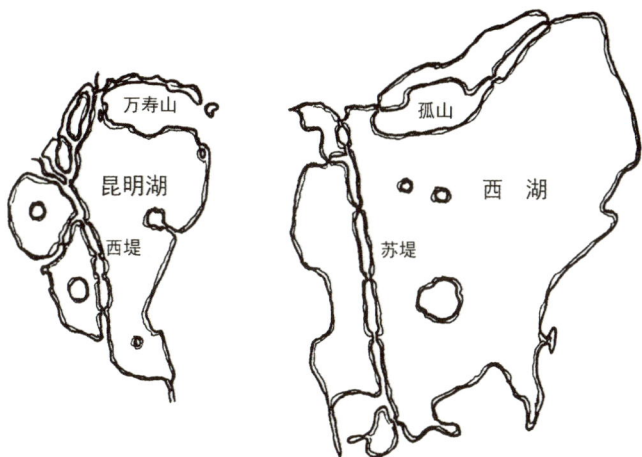

万寿山　昆明湖　西堤　　孤山　西湖　苏堤

3. 承德避暑山庄

承德避暑山庄又名"承德离宫"或"热河行宫"，位于河北省承德市中心北部，武烈河西岸一带狭长的谷地上，是清代皇帝夏天避暑和处理政务的场所。

避暑山庄始建于1703年，历经清康熙、雍正、乾隆三朝，耗时89年建成。避暑山庄以朴素淡雅的山村野趣为格调，取自然山水之本色，吸收江南塞北之风光，成为中国现存占地最大的古代帝王宫苑。

避暑山庄分宫殿区、湖泊区、平原区、山峦区四大部分，整个山庄东南多水，西北多山，是中国自然地貌的缩影，是中国园林史上一座辉煌的里程碑，是中国古典园林艺术的杰出代表和最高范例。

避暑山庄对杭州西湖的模仿，首先在于用堤桥划分水域。山庄湖区有3座堤：一处是双湖夹镜——长虹饮练长桥，一处是芝径云堤，一处是水心榭长堤。

双湖夹镜——长虹饮练长桥位于山峦区东麓、湖泊区西北，它是避暑山庄的早期建筑之一，始建时间不晚于康熙四十八年（1709年），石桥南北向横跨内湖南北，南北两侧各有一座木质牌楼，北为"双湖夹镜"，南为"长虹饮练"。

康熙所作《双湖夹镜》诗的序言说道："山中诸泉从板桥流出，汇为一湖，在石桥之右，复从石桥下注，放为大湖。两湖相连，阻以长堤，

清·钱维城《避暑山庄七十二景》之"双湖夹镜"

清·钱维城《避暑山庄七十二景》之"长虹饮练"

清·钱维城《避暑山庄七十二景》之"芝径云堤"

清·钱维城《避暑山庄七十二景》之"水心榭"

犹西湖之里外湖也。"

其中就明确表达了这里是对杭州西湖的模仿。里面提到西湖的两处里湖，即西里湖、北里湖，分别由苏堤、白堤划分出来，而避暑山庄的长桥长度仅64米、宽3.5米，它的规模远小于苏、白两堤，只是沟通两岸、联系交通、划分湖面的作用相近，是对苏堤、白堤的写意模仿。

而芝径云堤是模仿苏堤的突出案例。芝径云堤位于万壑松风北侧，因为它逶迤曲折，形状好像"芝"字而得其名。

芝径云堤的营造基于杭州西湖苏堤这一景观，并且在营造过程中以堤为主线。在芝径云堤的营造基础上又衍生出三岛——如意洲、环碧、月色江声，而这三岛较之西湖三岛的形态又有所变化，与杭州西湖中孤立的三岛不同，避暑山庄的三岛与芝径云堤相连。

但西湖三岛的布局形态与避暑山庄三岛则较为相似，都是不等边三角形。在避暑山庄中，如意洲与环碧之间间隔较近，而月色江声则在距离两岛一定距离的地方。

芝径云堤两岸垂柳依依，荷香阵阵，每年开春时节，竟然酷似"苏堤春晓"之神韵。芝径云堤以及如意洲、环碧、月色江声等三岛，是对杭州西湖湖上堤岛景观的写意模仿。

至于水心榭长堤，位于避暑山庄湖泊区东南，它建造时间稍晚，约在康熙五十二年（1713年），连通现今湖泊区南岸、东宫北面的半岛和清舒山馆岛，并分隔出银湖和下湖。

自东宫卷阿胜境向北面行走，隔岸用石头做桥，桥上三座榭，大小不同，节奏紧凑。水心榭夹在银湖与下湖之间，下湖连芝径云堤，银湖中遍植荷花，榭底石桥下有八孔水闸。

闸门控制水面，使下湖与银湖之间水面形成落差，流水昼夜不息，水声清脆悦耳，同时抬高了银湖中人与荷花的距离感，透过荷花远远望去，正对文园狮子林中的假山透过墙来，横碧轩半遮半掩临水而立。环顾四周，荷塘月色下，清风徐来，"菇蒲无边水茫茫，荷花夜开风露香"，令人神醉魂迷。

相比颐和园西堤六桥对西湖苏堤的明确模仿，水心榭长堤的建造与西湖堤桥相似程度不高，可能是对西湖苏白两堤借鉴基础上的再创造。因为康乾二帝曾多次巡游江南，并在避暑山庄湖泊区模仿江南水乡的美景，使避暑山庄赢得了"塞外江南"的美誉。

漫步于芝径云堤，远山起伏环抱、近水一碧万顷，好一幅江南水墨画。景观空间的尺度宜人、层次丰富、意境深远，不仅模拟了山水之形态，同时捕捉了山水的神韵。

4. 以西湖苏堤为原型的日本园林

杭州西湖湖上堤岛美伴随着西湖诗画的发展，在当时社会形成了较为突出的影响力，从而推动了东南亚各国特别是日本以西湖为意象的园林营造的兴起。

尤其是始建于宽永六年（1629年）的小石川后乐园的营造，使得杭州西湖湖上堤岛作为日本园林营造的要素为人熟知。

此后，受后乐园的影响，模仿西湖建造的园林如雨后春笋一般，如广岛的缩景园、高松的栗林公园、水户的偕乐园、东京的旧芝离宫庭园、和歌山的养翠园等园林都以小石川后乐园为范本，模仿建造杭州西湖堤岛景观。

前面说过，江户初期著名文人石川丈山参照西湖十景，在东本愿寺涉成园内设计了"涉成园十三景"。其中五松坞、侵雪桥、印月池和回棹廊就是受杭州西湖堤岛景观的影响。

据统计，在19处曾经或现存有西湖景观构成要素的日本园林中，有16处园林象征性地运用了"西湖堤"景观。这些园林的背后，实质上是杭州西湖湖上堤岛美支撑下的结果，反映了杭州西湖湖上堤岛美的传播影响。

以西湖堤为原型的日本园林一览表

时代	园林名称（所在地）	园林类型	西湖堤模仿景观	建造年代	设计者
江户以前	金泽八景（横滨市）	风景地	濑户堤濑户桥	1274年以前1304年	北条实时北条贞显
江户初期	小石川后乐园（东京市文京区）	大名庭园（环游式）	西湖堤	1629年1661年	德川赖房德川光国
	东本愿寺涉成园（京都市）	寺院庭园（舟游环游式）	五松坞侵雪桥	1653年	石川丈山
江户中后期	不忍池（东京市台东区）	风景地	三断桥新道	1677年	
	户山庄（东京市新宿区）	大名庭园（环游式）	堤	1669年左右	德川光友加腾新太郎
	锦带桥（岩国市）	桥梁	中堤	1673年	吉川广嘉
	旧芝离宫廷园（东京市港区）	大名庭园（环游式）	5拱形桥	1678年	大久保忠朝

时代	园林名称 （所在地）	园林类型	西湖堤 模仿景观	建造年代	设计者
江户 中后 期	栗林公园 （高松市）	大名庭园（环游式）	西湖堤	1700—45年	德川赖丰 德川赖恭
	德川园 （名古屋市）	大名庭园（环游式）	西湖桥堤		
	缩景园 （广岛市）	大名庭园（环游式）	跨虹桥	1785—87年	浅野重晨 清水七郎
	浴恩园 （东京市港区）	大名庭园（环游式）	尾花堤 柳塘	1792年	松平定信
	三廊四园 （白河市）	大名庭园（环游式）	西湖桥堤 金丝堤	1794年	松平定信
	偕乐园、千波湖 （水户市）	风景地	柳堤栽植柳树	1842年	德川齐昭
	神野园 （佐贺市）	大名庭园（环游式）	堤	1846年	锅岛直正
	和歌浦 （和歌山市）	风景地	堤+老堤	1851年	德川治宝
明治 大正	大濠公园 （福岗市）	公园	堤	1925年	本多静六 永见健一

　　模仿苏堤建造的日本园林众多，今天我们就选取其中最有名的代表——小石川后乐园介绍一下。

　　后乐园的改造者是明代遗臣朱舜水（朱之瑜）。

　　朱之瑜（1600—1682年），字楚屿，又作鲁屿，号舜水，浙江绍兴府余姚县人，明代著名学者、教育家。

　　清军南下江南后，朱舜水积极从事抗清斗争。明永历十三年（1659年），他看到清政权日趋坚固，复明无望，为了保全民族气节，毅然辞别国土，弃离故乡，流亡日本。朱舜水寄寓日本二十多年，仍然身穿明朝衣冠，追念故国。

　　他的学问和德行得到了日本朝野人士的礼遇和尊重，水户藩第二任藩主德川光圀（guó，"国"的异体字）聘请他到江户（今东京）讲学，作为政治、经济顾问，尊为"国师"，许多著名学者都慕名前来就学。他把中国先进的农业、医药、建筑、工艺技术传授给日本人民，为日本的繁荣与进步做出了贡献。

德川赖房是水户藩的第一任藩主，是德川幕府将军德川家康的第11个儿子，虽然封地在远离江户的水户藩（今日本茨城县水户及周边地区），但在江户城（今东京，当时相当于首都）建造的居所，自然要带有一个大大的后院。

但那个时候，他父亲德川家康刚刚结束了战国之乱，建立了幕府政权，一切有待逐步安定下来。因此，他也没有花什么心思在这个后院的建设上面，只是圈了很大的一块地，指定了一位造园名家德大寺左兵卫负责建造，1634年庭园就草草完工了。

到了宽文一年（1661年），赖房的三儿子德川光圀在34岁时继任第二代水户藩主后，情况就大不同了。

当时幕府将军规定各大名（各地的藩主）要常住在江户，因此他对庭园进行了较大的改动，也就是说现在所看到的"小石川后乐园"整体布局和建设正是在德川光圀手中完成的。

光圀不仅是德川幕府时代的贵族，还是少有的精通汉文的儒学者。他在宽文五年（1665年）遇到朱舜水后，对这个庭园的重新规划和建设中，参考了朱舜水的很多意见，并取中国宋代范仲淹《岳阳楼记》中的名句"先天下之忧而忧，后天下之乐而乐"，将这座庭园命名为"后乐园"。后世为了区别位于冈山县的"后乐园"，于1923年改名为"小石川后乐园"。

朱舜水是和中国明代著名造园家计成同时代的造园学家，向日本传授了明代造园风格和技艺，使日本产生了类似苏州园林的文人庭园。他以中国江南园林为蓝本对"后乐园"进行了改建，模仿杭州西湖建了名为西湖的泉池，仿"苏堤"建造西湖堤，以及堤上架设的圆月桥。

小石川后乐园位于东京市文京区小石川町，面积70847平方米，是江户时代著名的武家园林。其最大的特点是仿景，不仅仿日本的名景，还仿中国名景，其中的西湖和苏堤仿的是杭州西湖和苏堤。

园中掘池为湖，以条石筑堤，堤上设拱桥，但是此堤十分窄，只有1米多宽，桥也很小、很窄。

朱舜水

德川光圀

小石川后乐园

　　小石川后乐园是一个池泉园，有东西两道门，舟游与回游结合，也就是说坐船和步行都可以游览。环绕中心水池的是主干道，在主干道边的许多小景点都有小路通达，所以可说是回游园。而园中有一个码头和两个渡口，就是专门为舟游所设置的。

　　小石川后乐园除了将各地著名的湖、山、河流、田园景观巧妙地模拟体现外，还随处可见以中国风景名胜命名的景观，如西湖、庐山等，因此被称为"洋溢着中国趣味的深山幽谷"。

二、荫浓烟柳藏莺语：黄色——柳浪闻莺

　　黄色是众多色彩中最温暖的颜色，给人轻松愉快、充满希望和活力的感觉，是富有正能量的颜色。

　　黄色在中国传统文化里居五色之中，是"帝王之色"。从隋朝开始，赭黄袍开始作为帝王服装，后来，不仅赭黄，整个黄色的地位都在逐渐转变和升级。直到清代，帝后朝服颜色才明确调整为明度最高的"明黄"，慢慢地，黄色在中国就成了高贵的颜色。

　　"黄色"的柳浪闻莺，并没有因此而变得"高冷"，不易欣赏，因为它与"绿色"的"苏堤春晓"一样，都象征明媚的早春风光，二者有很好的融合作用。

"柳浪闻莺"插画（杨翔 绘）

清·《南巡盛典名胜图录》之"柳浪闻莺"

众所周知，春天最早开的花大多是黄色的，比如迎春、连翘、结香、蒲公英、油菜花等。春天生机勃勃、欣欣向荣，通常用绿色形容。但是黄色可以代表光明、希望，春天毫无疑义也是充满着各种无限美好的可能的季节，用黄色形容也很恰当。

正是"绿色"的"苏堤春晓"和"黄色"的"柳浪闻莺"交相辉映，才形成了肥而不腻的可口美味——东坡肉。

在人们的色彩印象中，黄色还表现为暂停。所以当店面设计采用黄色的时候，人们会不由自主地在店门前停留。

所以，想必"柳浪闻莺"也正是会使你停留注目的"食物"吧！

（一）色：卖相——景点介绍

柳浪闻莺在西湖东岸钱王祠门前水池北侧约50米的濒湖一带，以观赏滨湖的柳林景观为主题。现在是一座大型公园，分为友谊、闻莺、聚景、南园四个景区。

南宋时，这里是京城最大的御花园，称作"聚景园"。当时园内有会芳殿和三堂、九亭，以及柳浪桥和学士桥。因为园中有很多柳树，风吹成浪，莺啼婉转，因此被题名为"柳浪闻莺"。

柳浪闻莺平面图

柳浪闻莺入口

柳浪闻莺主要有两大观赏点：一是青翠柳色与婉转莺啼；二是纪念吴越国王的钱王祠。

1. 翠柳莺啼

柳浪闻莺公园内，在沿湖长达千米的堤岸上和园路主干道沿途都栽种了特色柳树。

西湖的垂柳品种来源于天津北仓苗圃，属于稀有品种"节节垂"，在北方都难觅踪迹。其中低垂青丝，如少女想着心事的，叫"垂柳"；柳丝纤细风中飘动似贵妃醉酒的，称"醉柳"；枝叶繁茂，树冠犹如狮头的，称"狮柳"；远眺像少女在湖畔浣纱的，称"浣纱柳"等。

每到阳春三月，万条柳丝迎风飘荡，宛若翠浪翻空，烟柳层层，引来无数莺鸟鸣啼，好似天然的音乐家在林下伴奏，乐声清丽，不绝于耳，使观赏者忘却俗世生活的烦恼与浮躁，感受到大自然的勃勃生机。

西湖边垂柳

柳浪闻莺"万柳塘"

2. 钱王祠

位于西湖玉龙山（今玉皇山）南麓，表彰五代吴越国王钱氏的"表忠观"，始建于北宋元丰元年（1078年），南宋末年毁于战火。明嘉靖三十九年（1560年），浙江总督御史胡宗宪等在西湖东岸涌金门南的灵芝寺故址重建表忠观，清代以后表忠观称为"钱王祠"。清雍正五年（1727年），浙江总督李卫建立石坊，称为"功德崇坊"，是清代"西湖十八景"之一。

2001年，钱王祠在旧址的中轴线上重建，由门庐、献殿、功臣堂、五王殿、庆系堂、怀慎堂、揽远堂、依光堂、阅礼堂等殿堂组成，是明代祠庙的格局和造型，并配置了假山，形成颇具园林风格的祠宇院落。

在原钱王祠路上修建了五个牌坊，象征并纪念吴越"三代五王"，以钱镠雕塑作为道路对景。路两旁配置的无患子等植物，树形优美，很

钱王祠入口

钱王祠牌坊群

钱王祠牌坊

钱镠雕塑

好地打破了五个牌坊和钱镠雕塑的规则对称感，并与墙体产生了良好的呼应。

（二）味：食材——名人轶事

"柳浪闻莺"的食材之一"聚景黄历"，既是指皇家园林"聚景园"，也象征了南宋的国运兴衰。还有"钱镠保湖"，讲述百姓通过修建"钱王祠"表达对吴越王钱镠保境安民功绩的感恩。

1. 聚景"黄"历

八百多年前，柳浪闻莺所在地叫作聚景园，是宋孝宗专门给太上皇高宗建造的游玩场所。聚景园兴衰，似乎是南宋国运的一个象征。

话说南宋开国皇帝高宗赵构禅位给养子孝宗赵昚（shèn）之后住在德寿宫，就是以前秦桧的府第，在中河、望江路、吉祥巷之间，人称"北宫"，与南边的皇宫相对。他喜欢西湖山水，而德寿宫离西湖比较远，孝宗就在涌金门南，清波门、钱湖门外大搞拆迁，寺庙也拆迁了九座，建成聚景园，给太上皇游玩。

聚景园又叫西园，园内有会芳殿和瀛春、揽远、芳华等堂，堂匾都是孝宗御书；有花光、瑶津、翠光、桂景、滟碧、凉观、琼芳、彩霞、寒碧等亭；还有柳浪、学士等桥。小瀛洲也归聚景园。这里风景不算最好，但也是西湖胜景的前十名。当时有"好事者"总结出了著名的"西湖十景"，聚景园，就是十景中的"柳浪闻莺"。

宋高宗赵构　　　　　　　宋孝宗赵昚　　　　　　　宋光宗赵惇

在《宋史》本纪的记载中，孝宗、光宗、宁宗三朝，太上皇及皇帝临幸聚景园共有19次。《武林旧事》记载了孝宗淳熙六年三月十六日（1179年4月24日）游幸聚景园的详情。

太上皇和皇帝游聚景园，是很隆重的。

头一天，皇帝先特地恭请太上皇、太后。第二天，皇后先换过头面，打扮一番，等皇帝到了，吃过点心，跟着太上皇和太后到聚景园。太上皇、太后在会芳殿下轿，皇帝、皇后到翠光亭下轿，在幄帐内稍歇，再吃点心；然后，太上皇和太后坐轿，皇帝骑马，遍游园中。

吃酒吃饭是在瑶津西轩。饮到第三杯，看歌舞《泛兰舟》，赏赐银绢。皇帝捧着一只玉质酒船，给太上皇祝寿。这酒船很精巧，盛满酒，船中人物就会动起来，像活的一样。太上皇看得很开心，叫内侍也吃酒食，并赏钱给表演者。

饭后去锦壁赏花，满坡约千余本牡丹，坡上支起绢丝幕帘。挑选出好花一千朵，剪下插在各种名贵的花瓶中，中间有一张沉香桌，放了一只白玉碾花商尊，高二尺，直径二尺三寸，插了"照殿红"牡丹花15支，花朵红艳。

又喝了三杯酒，进内宫，赏赐珍宝。再喝两杯酒，到清辉堂休息一会儿，再到翠光亭上船游湖，进里湖，出断桥，到真珠园。太上皇说，渔民抓获的龟鱼，全部买来放生。

下午4点左右，御舟返回聚景园，停在花光亭，下了船，到会芳殿休息。这时73岁的太上皇已喝醉了，皇帝亲自扶着他上轿回宫去了。

皇帝出游，排场有多大？他们乘的大龙舟，四边挂着珠帘锦幕，上挂七宝珠翠。侍驾的官员、太监以及警卫，也坐大舫，共有几百艘。

当时天下太平，游人、小贩、吹弹、讴唱、烟火、风筝、蹴鞠，都不禁止，繁华犹如仙境。太上皇和皇帝出游，"都人倾城，尽出观瞻"。

当然，皇帝到哪儿排场都大。

宋高宗赵构儿子很早就夭折了，挑了赵昚当继承人，被称为高宗做得最公允的事，而且眼光奇好——孝宗赵昚是南宋最好的皇帝，在位期间被称为"乾淳之治"。他的对手金朝的世宗皇帝完颜雍，也是金朝的最佳皇帝，有"小尧舜"之称，在位期间被称为"大定之治"。金世宗比宋孝宗大四岁，早登基一年，但同一年卸任（1189年世宗驾崩，孝宗退位）。

两强相遇，隆兴北伐交手之后，各自励精图治，孝宗和世宗在和议中各有让步，两国和平了三十年。

淳熙十六年二月初二（1189年2月18日），孝宗禅位给第三个儿子赵惇（dūn），这就是宋光宗。

春天的聚景园，风和日丽。光宗正准备在荼蘼花下饮酒，却给人扫了兴。

原来光宗这次到聚景园，只带了一些随从，算是独自玩乐。众官员见皇帝竟没有邀请太上皇和太后，何其不孝，气愤不过，纷纷上奏章，谴责皇帝——以前太上皇（孝宗）出宫游园，一定会恭恭敬敬地请太太上皇（高宗）的！不请不合规矩。

光宗很生气，辩解说："太上皇以前游园，有时候也不请太太上皇的!"

正说着，太上皇派了个太监，端着个玉杯，赐给皇帝一杯酒，不知是什么好酒。光宗正生气呢，手一颤，玉杯落地。

太监回到太上皇那里，也不说前因后果，直接告状了："皇帝看到太上皇赐酒，就大怒摔碎了玉杯!"

这次的"不开心"，是惊心动魄的宫廷矛盾露出的一只小荷尖尖角。

其实，高宗传位给孝宗，孝宗传位给光宗，都是禅让。孝宗在高宗驾崩后两年，也传位给儿子赵惇（光宗），自己做了太上皇，入住德寿宫，改名重华宫。

孝宗不是高宗的儿子，而两人关系极好；光宗是孝宗的亲生儿子，但关系恶劣。

光宗说孝宗到聚景园玩，有时也不请高宗，其实说得没错。《宋史》的孝宗本纪中，孝宗14次幸聚景园，有8次并没提到太上皇和太后。那这些大臣为什么抓牢这一点不放？实在是光宗和孝宗的关系太紧张了。

光宗即位后，最怕的就是太上皇。按道理皇位应该由他哥哥赵恺继承，可孝宗选了赵惇，赵惇一直很担心，生怕孝宗又会废了他。光宗第二怕的是皇后李凤娘，这李后骄悍得很，看见光宗喜欢哪个女人，就灭了她。其实光宗还该有第三怕，怕太监，太监老是到太上皇那里挑拨离间。总之，光宗是越怕越疑，越疑越怕，结果在登基两年后就患上了严重的精神病。

等孝宗一死，大臣们就拥立了光宗次子——太子赵扩即位，即宋宁宗。光宗"被退休"。

史书上关于皇帝最后一次游聚景园的记载是，开禧二年三月十八（1206年4月27日），宁宗陪太后游聚景园，此后便是"君王不宴芳春酒，空锁名园日暮花"了。

宁宗在位30年，后20年基本没去过聚景园，到了理宗朝，聚景园已荒芜。园圃兴废，是天下治乱的征兆。聚景园兴衰，似乎映射了南宋的时局，从短暂的中兴，走向温水煮青蛙式的没落，并最终灭亡。

2. 钱"镠"保湖

"镠"（liú）是指含金量高的金子。西湖边的"钱王祠"，正记录着吴越王钱镠及其子孙保境安民、保护西湖的卓越功绩，金光闪闪，彪炳史册。

宋建炎三年（1129年），南宋朝廷感念吴越国王钱氏纳土归宋，对宋朝的功绩和对杭州的历史贡献，以其故里"临安"为府名，升杭州为"临安府"，作为"行在"，并于绍兴八年（1138年），定临安为都，增建礼制坛庙。

吴越武肃王钱镠（852—932年），字具美（一作巨美），小字婆留，临安（今杭州）人，吴越开国国君。

西湖南线及钱王祠

武肃王钱镠　　　　忠懿王钱俶

唐朝覆灭后中国进入"五代十国"时期，后梁龙德三年（923年），钱镠被册封为吴越国王，正式建立吴越国。吴越国是"十国"之一。它是一个东南小国，北到苏州，南到福州，领土以现在的浙江省为主，中心就是杭州。

相传钱镠在凤凰山扩建子城营造宫殿时，有个会看风水的术士对他说："如果在凤凰山造宫殿，王气太露，不过有国百年而已；若将西湖填平，只留13条水路以蓄泄湖水，建宫殿于其上，便有千年王气。"

钱镠说："西湖乃天下名胜，安可填平？况且'五百年必有王者起'，岂有千年而天下无真主者乎？有国百年，吾愿足矣！"于是定基在凤凰山之上。

在千年江山与风景名胜西湖的取舍中，作为封建君主的钱镠竟然选择了西湖，真是令千秋万代的后人为他感到骄傲和自豪。

试想想，如果西湖被填平，杭州还能是杭州吗？正如100多年后的北宋文学家苏东坡所说："杭州之有西湖，如人之有眉自。……使杭州而无西湖，如人去其眉目，岂复为人乎？"这样来说，钱镠真是一个伟大的美学家。

钱镠在内政建设上的成就也很多，主要体现在修筑海塘和疏浚内湖上。

开平四年（910年），钱镠动员大批劳力，修筑钱塘江沿岸捍海石塘，用木桩把装满石块的巨大石笼固定在江边，形成了坚固的海堤，保护了江边农田不再受潮水侵蚀。同时，由于石塘具有蓄水作用，使得江边农田获得灌溉的便利。

钱镠对杭州的建设贡献巨大。修筑子城、腰鼓城，对城内的街道、房屋、河渠进行了整体规划和修建，又开发了周围的山脉，尤其是开通慈云岭古道，在钱塘江和西湖之间打开了一条通道。此外还建塔修寺，弘扬佛教，又对城内和湖边的各种建筑提出了美化要求。

作为一个政治人物，钱镠在从事这些治理和建设的时候，非常注意属地的安全，避开各种有可能陷入的政治灾难，以"保境安民"为施政宗旨。

他本有一股顽泼的傲气，但是为了百姓和城市，他绝不希望与强权开战，因此一直故意看小自己，看大别人，恭敬从事，一路秉承着"以小事大"的方针，并把这个方针作为遗嘱。

到了他的孙子钱俶（chù），北方的宋朝已经气势如虹，一统中原，钱俶也就同意把吴越国纳入宋朝版图。这种方略，体现了一个小国的智慧，保全了一个大国的完整，很值得赞赏。

而且，也正因为这样，安静、富足、美丽的杭州也就有了可能被选定为南宋国都，成为中国首席大城市，成为当时世界上屈指可数的文明汇集地。

到了南宋，朝廷虽然偏安于秦岭淮河以南，却是中国历史上经济文化繁荣、科技进步、对外开放程度较高的王朝。

当时，临安的人口规模已经达到150万人，而西方最繁华的城市威尼斯，也只有十万人口。今天的世界各大都会，当时还沉浸在一片蒙昧的幽暗之中，只有南宋都城杭州，灯火映彻碧空，照亮了世界的东方。

（三）香：香味——园林影响

1. 圆明园

北京圆明园的"柳浪闻莺"景区在文源阁西北，建于乾隆二十八年（1763年）。

圆明园"柳浪闻莺"位于多稼如云景区东南部的河对岸，是一处被大片稻田包围着的小景点，它的西面是皇帝观稻赏荷的芰荷香。"柳浪闻莺"的标志性建筑除了一座南北走向的小桥外，就是乾隆二十八年树立的石坊了，眉额上刻着乾隆皇帝御制诗："十景西湖名早传，御园柳浪亦称游。栗留叽啁无端听，恰似清波门那边。"

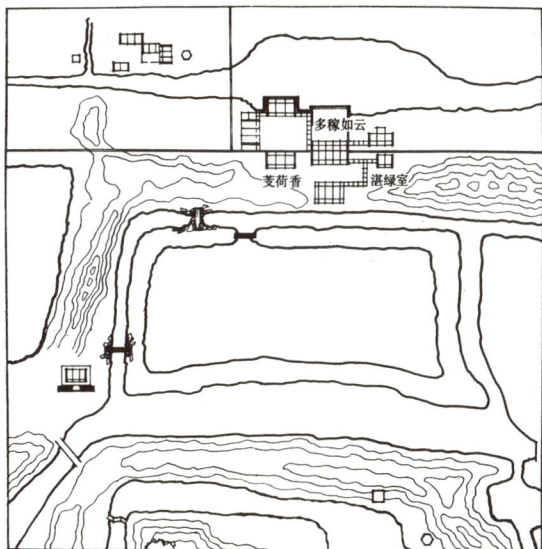

清·沈源、唐岱《圆明园四十景图》之"多稼如云"及其平面图

此坊的眉额至今仍然幸存于圆明园遗址公园中。

西湖"柳浪闻莺"位于涌金门与清波门之间的濒湖地带。乾隆十六年（1751年）御制诗《柳浪闻莺》中说："那论清波与涌金，春来树树绿阴深。间关叽喳供清听，还似年时步上林。"句后有乾隆皇帝诗注："圆明园四十八景中亦有是名。"

两处"柳浪闻莺"，一处被稻田包围，一处是杨柳湖水之滨，表面看来南北之间似乎没有对景的意思，但仔细品题后其中的意味好像可以推测出来。

乾隆皇帝把对圆明园"柳浪闻莺"一景的特别理解融入了诗文："栗留叽喳无端听，恰似清波门那边"一句，正是将圆明园的稻麦之香与西湖的柳浪花香暗自对比。

农桑之乐与烟柳之乐的两相对照，道出了皇帝在两处"柳浪闻莺"中所寄寓的不同情怀，他用一句诗文使二者很自然地互成对景，可视作乾隆皇帝在诗文中对园林景观寄寓式的品题方法。

129

第三道

"龙井虾仁"：
天光——断桥残雪、双峰插云

龙井虾仁

杭州山青水秀、气候适宜，自然也是名茶盛产之地。杭州作为中国的"茶都"，种茶历史已有千年，尤其以西湖龙井为最，西湖龙井可以说是杭州的一张文化名片，杭州的名胜风景以及相关的名菜（如龙井虾仁）都或多或少与茶叶有关。

"龙井虾仁"，顾名思义，是配以龙井茶的嫩芽烹制而成的虾仁。

龙井茶因产于杭州西湖山区的龙井村而得名，习惯上称为西湖龙井，有时简而化之，索性把这种色香味形别具一格的茶叶叫作龙井。

龙井虾仁始于何时已无从考证，但在龙井茶区，却传说与乾隆皇帝游江南，并私访杭州龙井茶区有关。

据说，有一次，乾隆身着便服，游览西湖龙井茶区。当时正值清明时节，当他来到龙井茶乡时，天公不作美，下起雨来。于是他只得就近来到一位老太太家里避雨。

龙井人好客，老太太见有人躲雨，忙让座泡茶。哪知乾隆皇帝是一位品茗高手，能饮到如此香馥味醇的龙井茶，真是喜出望外，便想要一点带回去品尝，可又不好开口，更不愿意暴露自己的身份。为此，只得在老太太不注意时，抓上一把，藏在便服内的龙袍袋里。

到雨过天晴才告别老太，继续游山玩水去了。一直到日落西山，乾隆皇帝已觉口渴肚饥，于是就在西湖边的一家小酒肆内入座，随便点了

西湖龙井村全景

"断桥残雪"插画（杨翔 绘）

清·《南巡盛典名胜图录》之"断桥残雪"

134

白色在服饰中应用得极为普遍，西方人举行婚礼，新娘的婚纱必须是白色的，以表示纯洁无瑕的爱情，这在我国也逐渐流行开来。

　　断桥本是西湖三座爱情桥（许仙与白娘子在"断桥"美丽邂逅、梁山伯与祝英台在"长桥"十八相送、苏小小与阮郁在"西泠桥"作诗定情）之一，象征"白色"的"断桥残雪"一景也正蕴含着忠贞不移的爱

长桥夜色

西泠桥秋色

情传说——《白蛇传》。

接下来，就让我们享用这道点燃爱情之光的菜品吧！

（一）色：卖相——景点介绍

断桥位于杭州西湖白堤的东端，背靠宝石山，面向杭州城，是外湖和北里湖的分水点。

宋代的时候，"断桥"一直叫作"宝佑桥"。到了元代，因为桥头居住着一对以卖酒为生的段姓夫妇，又称为"段家桥"。

断桥与白堤

相传很早以前，西湖"白沙堤"，从孤山蜿蜿蜒蜒到这里，只有一座无名小木桥，与湖岸紧紧相连。

游人要到孤山去游玩，都要经过这座小木桥，日晒雨淋，桥板经常会腐烂断裂，游人十分不便。

桥旁有一间简陋的茅舍，住着一对姓段的夫妇。两人心地善良，手脚勤快，靠卖自家酿的酒为生，但是因为酒味不佳，顾客很少上门，生意清淡。

一天，日落西山，夫妇俩刚要关门，来了一个衣衫褴褛的白发老人，说是远道而来，身无分文，要求留宿一夜。段家夫妇见他年老可怜，热情地留他住下，加以款待。

第二天早晨，白发老人临别时说道："谢谢你们好心款待，我这里有酒药三颗，可帮你们酿出好酒。"说完，就取出三粒红红的酒药，告别而去。

段家夫妇将老人的三颗酒药放在酿酒缸里，酿出来的酒，颜色猩红，甜醇无比，香气袭人。从此，天天顾客盈门，段家猩红酒名扬杭城，生意一天比一天兴隆。

岁月流逝，一晃三年过去。这年冬天，西湖大雪，白发老人冒雪来到段家酒楼。夫妇俩一见恩人来到，喜出望外，款留老人希望长住他们家。然而老人第二天却要离开。

临别的时候，段家夫妇取出银两送给老人。老人笑着推辞说："谢谢你们夫妇俩一片好心，我孤身一人，要这么多银钱有何用？你们还是用在最要紧的地方吧。"说罢，就踏雪向小桥走去。

段家夫妇站在门口相送，只见老人刚跨上小木桥，脚下一滑，桥板断了，老人也跌进湖里。夫妇俩急忙跑去相救，忽然看见白发老人站立于湖面，如履平地，微笑着向他们挥挥手，飘然而去。

段家夫妇这才知道，白发老人不是凡人。想起老人临别时说的话，于是用那笔银钱在原来的小木桥处，造起了一座高高的青石拱桥，还在桥头建了一座亭子。

从此，游西湖的人，再也不怕路滑桥塌。乡亲父老为感念段家夫妇行善造桥的好事，便把这座桥称为"段家桥"。

那现在为何留下的仅仅是"断桥"的名字呢？

断桥

当然，断桥其实不像舞台上展示给观众的只画了一半的断桥。原来，这"断"是与"雪"紧紧联系在一起的。

这座桥为东西走向，桥面呈拱形，瑞雪初晴，阳光普照，桥面东侧的雪在阳光的照耀下化为水，露出了黑色的路面，而桥西侧的雪因没有被阳光照射仍覆盖在桥面上，这时从侧面看去，这桥面上一半是黑色，一半是白色，好像断了一样，"断桥"的名称由此而来。

"断桥"风光之美，晴风雨雪，一天中各个时辰，各有不同的趣味，使得西湖历来有"晴湖不如雨湖，雨湖不如月湖，月湖不如雪湖"之说。

（二）味：食材——名人轶事

断桥是白堤的东起点，断桥又是许仙与白娘子邂逅之地，因此，留下了大诗人白居易、《白蛇传》等不朽的文化典故，值得我们细细体味！

1. 白堤追"易"

断桥是白堤的东起点，提到白堤，我们不由得想到杭州的"老市长"——白居易。

白居易（772—846年），字乐天，号香山居士，又号醉吟先生，祖籍太原，生于河南新郑，是唐代伟大的现实主义诗人，唐代三大诗人之一，其中李白被称为"诗仙"，杜甫被称为"诗圣"，白居易被称为"诗魔"。

杭州"老市长"：白居易

断桥

白居易留存在世的著作有《白氏长庆集》，代表诗作有《长恨歌》《卖炭翁》《琵琶行》等。

元和十五年（820年），唐宪宗暴死在长安，接着唐穆宗继位，穆宗欣赏白居易的才华，把他召回了长安，先后做司门员外郎、主客郎中、知制诰、中书舍人等。但当时朝中很乱，大臣间争权夺利，明争暗斗；穆宗荒废朝政，又不听劝谏。于是白居易极力请求外放。

长庆二年（822年），白居易被任命为杭州刺史。

白居易在任期间，对钱塘湖（今西湖）进行了大规模的整治。当时杭州大旱成灾，而钱塘湖已经严重淤积，出现葑田"约数十顷"，蓄水量大为缩减。于是白居易决定治理钱塘湖，将旧有湖堤（钱塘门外自东向西与白堤东端相接，相当于今湖畔居至宝石山麓）"高加数尺"，以增加钱塘湖的库容量。又在西湖以北、以南分别修建了石涵洞、埋设了石管，以便排泄洪水，保障湖堤安全，同时还疏浚了李泌所开的六井。

整个工程完成以后，既为江南运河扩充了水源，也保障了钱塘（今杭州）、盐官（今海宁）之间运河两岸数十万亩农田的灌溉，还解除了杭城居民生活用水之忧，可谓一举三得。

白居易所修筑的大堤，当时被人们叫作"白公堤"，从钱塘门到昭庆寺（今少年宫）再到白沙堤的东端，不过此堤因为年代久远，早已荒废了。

现在的白堤，并非白居易修建，实际上叫"白沙堤"或"沙堤"，宋代又叫"孤山路"，明代在白堤上广植桃柳，又称作"十锦塘"。此堤在唐朝以前就存在了，但是是谁修筑的，无法考证。

白堤全长1公里，东起断桥，经锦带桥而止于平湖秋月。白堤横亘湖上，把西湖划分为外湖和里湖，并将孤山和北山连接在一起。

白堤宽阔而敞亮，靠湖边密植着垂柳，外层是各色的桃花，春天桃柳争妍，分外妖娆。

虽然白公堤与白沙堤并不相同，但当年白居易为百姓蓄湖筑堤、兴利除弊，在杭州人的心目中树起了一座丰碑，人们便将"白沙堤"当作"白公堤"的替身，以此来寄托对白居易的爱戴和怀念之情。

白居易也很喜欢这条堤，曾写诗赞叹道："孤山寺北贾亭西，水面初

鸟瞰白堤

白堤桃柳景观

平云脚低。几处早莺争暖树，谁家新燕啄春泥。乱花渐欲迷人眼，浅草才能没马蹄。最爱湖东行不足，绿杨阴里白沙堤。"

白居易在政事之暇，经常流连于婀娜多姿的西湖周边，对景抒怀，留下了许多清新隽永的诗词，使湖山倍增光辉。如"绕郭荷花三十里，拂城松树一千株""灯火万家城四畔，星河一道水中央""松排山面千重翠，月点波心一颗珠""万株松树青山上，十里沙堤明月中""山名天竺堆青黛，湖号钱塘泻绿油""伍相庙边繁似雪，孤山园里丽如妆"，等等，都是脍炙人口的写景名句。

这些美丽的诗篇和湖山互相辉映，使一个本来不很知名的西湖成为一个众人爱慕的游览胜地。可以毫不谦虚地说，白居易是西湖景观最早的开拓者，西湖之所以有今日的辉煌，首先要归功于白居易的开发。

白居易在杭三年，和杭州人民结下了深厚的情谊。当他任满离杭时，杭州人民扶老携幼，成群结队，倾城为他送行，真是说不尽的惜别之情。白居易自谦没有为百姓做多少好事，满怀深情地对百姓说："税重多贫户，农饥足旱田；唯留一湖水，与汝救凶年。"最后还将自己积攒的俸禄留下，作为修湖之费，自己"唯向天竺山，取得二片石"，与百姓依依不舍，洒泪而别。

白居易虽然在杭州只住了短短的三年，但对西湖山水却一往情深。据记载：白居易任满离开杭州后，一路虽无病痛愁烦，只是寡言、闷闷不乐，酒不饮，诗不做，随行亲友细问何故，他口吟一诗道："一片温来一片柔，时时常挂在心头。痛思舍去终难舍，苦欲丢开不忍丢。恋恋依依惟自系，甜甜美美实他钩。诸君若问吾心病，却是相思不是愁。"

众亲友听了，又惊又笑，都以为他在怀念杭州官妓商玲珑。白居易道："吾所谓相思者，乃是南北两峰，西湖一水耳。"还提笔在纸上写了一首诗，叫船老大带回去贴在西湖断桥亭上。这首诗是这样写的："自别钱塘山水后，不多饮酒懒吟诗。欲将此意凭回棹，报与西湖风月知。"

数年之后，他又在迢迢几千里外满怀深情地写下脍炙人口的《忆江南》："江南好，风景旧曾谙。日出江花红似火，春来江水绿如蓝。能不忆江南？江南忆，最忆是杭州。山寺月中寻桂子，郡亭枕上看潮头。何日更重游？"

由此可见，他对杭州西湖的感情是多么深厚啊！

2. 白蛇"许"诺

"断桥残雪"美景中不仅有着名人文化底蕴，还有着美丽的爱情传说。它是中国四大民间爱情传说之一《白蛇传》中著名桥段——"断桥相会"的发生地。

据传，故事的起源是从民间传说"八仙过海"中的吕洞宾开始的。

一天，吕洞宾化为凡人在断桥上卖汤圆，一不小心，把一颗汤圆掉入湖中，这时正在桥下修炼的一条白蛇（后来的白娘子）、一只龟（后来的法海和尚）立即争着去吞，白蛇抢先吞下。汤圆本是仙丸，使白蛇一下增加了千年功力，能变人形。那龟悻悻而去，从此种下和白蛇过不去的祸根。

白蛇化成人形后，与一条修炼成形的青蛇，变成主婢两人，去寻找曾救过白蛇性命的恩人。几经周折，终于在断桥上发现杭州青年许仙就是她们要找的恩人。

那是南宋绍兴年间（1131—1162年），在杭州临安府过军桥珠儿巷（今鼓楼附近），官宦李仁的妻子有个22岁的弟弟名叫许仙，在官巷口表叔李将仕生药铺做主管。

在桃红柳绿的清明时节，许仙到灵隐附近上坟，回家时突然遇到狂风骤雨，难以前行，只得在断桥雇船回家。此时正好有一位身穿白绢衣衫的妇人（白娘子）带着一个丫鬟小青过来要搭船。

许仙见她们眉目秀丽，应是良家女子，便一口答应了她们搭船。在涌金门上岸时雨仍然下个不停，许仙将雨伞借给她们，自己淋雨回家。

第二天，许仙如约前往白娘子家取伞，受到了热情接待，终于由小青说合，二人不久成婚。

不料，因为小青偷盗官银，导致许仙被抓，甚至被流放到镇江。白娘子与小青便赶了过去，在那里开了保和堂药店，主仆三人过着美满的生活。

但是好景不长，金山寺法海和尚知道了白娘子的来历，岂容人妖共居？于是，借化缘为名，登门挑拨离间。

许仙经法海指点，在端午节这天叫娘子服下雄黄酒，娘子即时就不舒服而躺倒在床上，果然现出原形，许仙撩开帐子一看，不见娘子，只见床上有一条扭动的白蛇，当场晕倒。

等到白娘子药力散去，法力恢复，重化人形，只见丈夫倒在地上，不省人事，就不顾千难万险，到峨眉山盗取仙草，救活了许仙。法海又来挑拨，叫许仙出家做和尚，许仙拒绝，法海就把他软禁在金山寺。

白娘子与小青发动虾兵蟹将，将长江水倒流，水漫金山，法海召来天兵天将镇压。已怀身孕的白娘子败阵而逃，与青儿逃回杭州，到了西子湖畔，见湖山依旧，断桥仍在，触景生情，由情生怨，新仇旧恨涌上心头，既恨忘恩负义的丈夫，又恨多管闲事的法海。

越剧《白蛇传》中白娘子败落西湖断桥有一段唱词："西湖山水还依旧，看到断桥桥未断，我寸肠断，一片深情付东流！"这段唱词真让人肝肠寸断，潸然泪下。"断桥不断肝肠断"的说法便由此产生了。

至于法海对白娘子穷追猛打，用法力把白娘子压在雷峰塔下，必置之死地而后快，这是后话，大家耳熟能详，不再多讲。

这个著名的民间传说，讲的是人妖之间的爱情故事，主人公白娘子

任率英《白蛇传》年画（部分）

执着地追求、勇敢地捍卫自己的爱情、自由、幸福生活，这是一个寄托美好理想的中国妇女的典型形象，由于在中国封建社会中这种理想无法实现，才借助所谓仙术、妖法，使这个传说蒙上了一层神秘的浪漫色彩。

"断桥" 名，是以俗为雅，断桥实际上是"不断"的意思，唐代诗人张祜（hù）诗中"断桥荒藓合"，指的不是断了而是合了，含义很深，很有生命力。

"断"字，是一个多义字，如"二人同心，其利断金"，是同心同德的含义；"断钗重合"，是破镜重圆的含义；"断断猗，无他伎"，是诚笃专一的含义。这些词义都可以从断桥相会的爱情故事中得到验证。

可见，"断桥"一词，已经不再仅仅是一个桥名，而是一个象征男女爱情永远同心、破镜重圆、诚笃专一的代名词。

白娘子和许仙在断桥相会结成了夫妻，之后又在断桥相会破镜重圆的爱情故事，也是同心、专一的意思，没有同心、专一的思想境界，就不可能破镜重圆。

在恋爱婚姻的过程中，难免会有这样那样的挫折与风波，有时难免会有一些断裂的痕迹，能够做到断而复合，摒弃前嫌，就可以做到同心专一而终。

断桥之所以成为一座爱情桥，因为它是一座男女从相会到相爱的桥梁，是一座男女恋爱婚姻的红娘桥。

人们在游览西湖时都要到断桥看看，就是为了追忆白娘子与许仙凄美的爱情故事，为了追寻幸福而美好的爱情与婚姻。

（三）香：香味——园林影响

由于"断桥残雪"中优质的"名人食材"，其香味不仅留在圆明园，还飘到了国外。

1. 圆明园

"断桥残雪"位于圆明园西北部，汇芳书院以东。它是一座东西向叠石桥，西面与问津亭相邻，乾隆二十八年（1763年）在桥东侧树立了"断桥残雪"的牌坊。

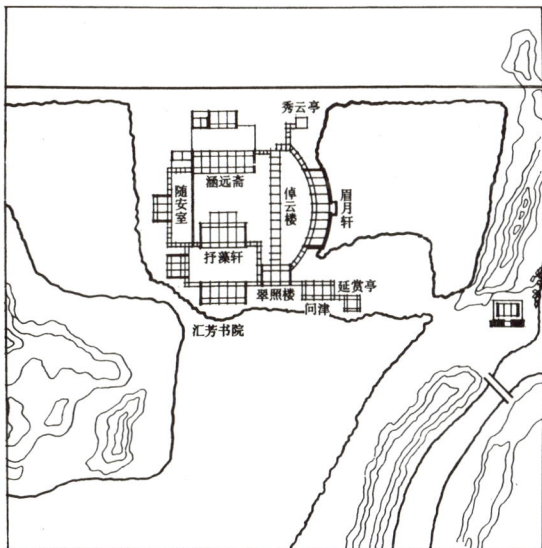

清·沈源、唐岱《圆明园四十景图》之"汇芳书院"及其平面图

圆明园断桥位于一条窄小河道之上，在水景上是无法与西湖断桥相提并论的，只是在桥西问津亭处堆叠了一座假山，与北面相连形成一条南北向小山，略有了些西湖断桥北依宝石山的意境。

2. 日本东本愿寺涉成园

12世纪之前，西湖风景传入日本的唯一媒介是诗文。其中最著名的是白居易对西湖的咏叹，里面描写了孤山、灵隐寺、白沙堤等西湖景观。由于白居易的文集对于日本平安时代的文学产生过巨大影响，因此可以推断至少在9世纪，关于西湖的信息已经传入日本。

从15世纪末到19世纪初，出于对西湖文化的憧憬，在日本有大量的西湖图出现，西湖的山水景观格局成为将军、大名御用画师审美教育的粉本，西湖风景作为装饰出现在了大名住所和寺院内的屏风上以供鉴赏。其中对西湖中的岛、堤、桥、塔等景观要素进行了详细的描绘，"西湖十景"成为关注的焦点。

17世纪以后，西湖风景的全体构造精髓被完全理解，日本知识阶层开始把心目中理想的西湖风景通过缩景手法复制到庭园景观之中，并开始大胆尝试景观象征化手法的运用。

据记载，江户初期著名文人石川丈山参照西湖十景在东本愿寺涉成园内设计了"涉成园十三景"，分别是五松坞、侵雪桥、双梅檐、漱枕居、丹枫溪、印月池、卧龙堂、傍花阁、紫藤岸、缩远亭、遇仙楼、滴翠轩和回棹廊，其中回棹廊即是受杭州西湖堤岛景观的影响，仿照的正是"断桥残雪"一景。

二、积翠浮空霁霭迷：紫色——双峰插云

紫色是由温暖的红色和冷静的蓝色叠加而成，属于二次色。在中国传统文化之中，紫色是尊贵的颜色，代表圣人、帝王之气，如北京故宫又称为"紫禁城"，古时常用"紫气东来"比喻吉祥的征兆。

在西方，紫色也代表着尊贵，常成为贵族使用的颜色。这是由于古罗马帝国蒂尔人常用的紫色染料只提供给贵族穿着，而且染成的衣物近

『双峰插云』插画（杨翔 绘）

清·《南巡盛典名胜图录》之『双峰插云』

147

似绯红色，所以深受当时君主喜欢。在拜占庭时代，来自王族嫡系的皇帝会将"紫生"（Born to the Purple）一词加在自己的称号上，表明自己的正统出身，用来区别于靠其他手段获得王位的君主。

可见，紫色是一个高雅而富贵的色彩，与幸运、财富、贵族和华贵相关联。

"双峰插云"中的南北高峰，山势高耸，气象万千，山巅建佛塔，是古时候西湖群山中喧盛一时的佛教名山，塔尖入云，时隐时现，远望过去仿佛仙境一般。自然也就有着"紫色"所具有的神圣尊贵气质，让人倾心注目。

（一）色：卖相——景点介绍

"双峰插云"是由西湖西部群山中的南、北两座高峰，以及西湖西北角洪春桥畔的观景点构成的景点，以观赏西湖周边群山云雾缭绕的景观为主题。

巍巍天目山向东延伸，其余脉的一支，遇西湖而分为南山、北山，

南北高峰及其峰峦系列分布图

双峰插云

形成环抱状的风景名胜区，两山之巅就是南高峰和北高峰。南高峰、北高峰相距5公里，在南宋时峰顶各有一座古塔，每逢云雾低横之日，从西湖向西望去，山峰在云际时隐时现，所以有"两峰插云"的景名。

清代，两座峰顶古塔都被毁了，康熙三十八年（1699年），皇帝南巡杭州，御题景名，把"两峰"改为"双峰"，并在洪春桥畔建了观景亭和御碑亭。

在凤凰山、苏堤望山桥、西湖上及洪春桥一带观看南北两峰，遥相对峙的双峰迥然高于周边群峰，远望气势非同一般，尤其是白雾缭绕之际，峰顶仿佛在尘世之外，恍若云天佛国。

1. 南高峰

南高峰高257米，在满觉陇、烟霞洞以北，与北高峰遥遥对峙。登上山顶，极目远眺，浩瀚的钱塘江和波平如镜的西湖尽收眼底，是一个登高揽胜的好地方。山上古木葱茏，怪石嶙峋。昔日峰顶的宝塔与北高峰宝塔竞秀争雄，现已不存。

山上的名胜古迹和泉水洞穴有先照坛、天池洞、千人洞、无门洞、

清·《南巡盛典名胜图录》之"北高峰"

法华泉、钵盂泉、刘公泉等，其中千人洞最大。随着岁月的流逝，这些名泉和名洞缺乏修整，大多已湮没。

2. 北高峰

北高峰高314米，在灵隐寺后。北高峰群山环绕，树木葱郁。登高望远，西湖盛景，甚至钱江雄姿，都可以尽收眼底，让人心旷神怡、浮想联翩。

"天下第一财神庙"灵顺寺就在山顶。灵顺寺已有1600多年的历史，早在宋代因寺内供奉"五显财神"而被宋徽宗赐名"灵顺庙"。现存大殿是明末清初修缮的，规模宏伟，堪称华夏财神庙之最。乾隆皇帝在这里还曾御笔题词"财神真君"。毛泽东主席也曾三次登上北高峰。这里是灵气、财气集聚的地方，前来拜求的善男信女络绎不绝，香火极盛。

（二）味：食材——名人轶事

"双峰插云"的食材正应了"紫色"的高贵气质，既有康熙皇帝御题云林禅寺的典故，又有杭州西湖"四大怪"中"两高不高"的传说，可谓是精彩绝伦。

1. 御题"云"林

据记载，清康熙二十八年（1689年），康熙皇帝南巡至灵隐寺，有这么一段有趣的故事：

有一天早上，灵隐寺住持谛晖法师陪同康熙登上北高峰，只见灵隐寺笼罩在一片晨雾之中，忽隐忽现，一派云林漠漠的景色，非常美妙。

回到山下之后，谛晖法师便想请康熙为寺院题字。

当时，康熙皇帝正在寺院的客房摆酒用膳，陪同在他身边的是杭州知府和钱塘县官等人。

谛晖法师见康熙皇帝和几位官员们心情很好，便悄悄跑过去找跟随康熙一道来此的杭州知府说道："知府大人呀，我想求皇上给我们山寺题一块匾额，您看行不行呀？"

杭州知府听了，点点头说："这是件好事啊，如果皇上能给灵隐寺题匾额，连本府也都跟着沾光啦！"

钱塘县官也在一旁悄悄说："皇上现在酒兴正浓，你这时候去求他题匾，我看他一定能答应。"

得到两位大人的支持，老和尚心里便有了底，就壮壮胆子，走到康熙皇帝面前下跪叩头，言辞恳切地说道："皇上呀，看在灵隐寺菩萨的面上，请您替山寺题块匾额，也让我们沾沾陛下的光吧！"

这康熙皇帝平时本来就喜欢吟诗题字，老和尚这一请求，正好搔着了他的痒处，于是，他非常乐意地点了点头，吩咐手下人摆好纸笔，抓起笔"刷刷"几下，就写了一个歪歪斜斜的"雨"字。

此时的康熙皇帝，差不多快喝醉了，手腕有点发颤，落笔又太快了些。这个"雨"字竟占了大半张纸的高度！灵隐寺的"灵"字，按老写法，在"雨"下面还有三个"口"和一个"巫"（繁体字"靈"）。现在只剩下这小半张纸的高度，这个字怎么也写不下了。重新写一个吧，皇帝就太没有面子了。

康熙皇帝一只手拿着笔，一只手不住地拈他那撮山羊胡须，可是自己也想不出什么好主意来。围在旁边的官员们，明知道康熙皇帝下不了台，但是谁也不敢明说，只能默默看着，站在旁边干着急。

这时候，有个名叫高江村的大学士，想出了一个办法，他先在自己手掌心写了"云林"(繁体字"雲林")两个字,装作去磨墨的样子,挨近康熙皇帝身边,偷偷地朝着康熙皇帝摊开手掌,示意皇帝。

康熙皇帝一看,哎呀,这真是两个救命的字啊!

于是酒也醒了一半,连忙写下了"雲林禅寺"4个大字。写完,非常得意地把手一扬,将毛笔抛到一边。

老和尚过来看了一下,不对呀!"灵隐寺"怎么写成"云林禅寺"呢?他也不看看眼色,就结结巴巴地问题:"我们这里叫作'灵隐寺',不叫'云林寺'呀!是不是皇上落笔错了?"

康熙皇帝听了,把眼睛一瞪,喝声:"胡说!"

老和尚这时候哪里还敢再开口,只好恭恭敬敬地立在旁边等皇帝说话。

康熙皇帝这时候缓缓地问官员们:"这地方天上有云,地下有林,你们说说,把它叫作'云林寺'怎么样?"

"妙呀,妙呀,皇上圣明!"

听官员们七嘴八舌地奉承他,康熙皇帝乐得开怀大笑,于是吩咐快把字做成匾挂起来。皇帝一言九鼎,官员们立即开始张罗这件事情。

他们一面叫人将灵隐寺原来的匾额换下来,一面找来雕花匠,把康熙皇帝写的"云林禅寺"4个大字雕在红木匾上,贴金底,漆黑字,边上镶了二龙戏珠,当场挂到山门上。

从此以后,灵隐寺就挂着稀奇古怪的"云林禅寺"匾额。但是,杭州的老百姓并不认可康熙皇帝一时兴起起的这个新名字,尽管"云林禅寺"这块匾额挂了300多年,大家却仍然称呼这里为"灵隐寺"。

2. 两"高"不高

在杭州,古代就流传着"四大怪"的传说,其实不是别的什么很奇特的怪物,而是在说杭州西湖4个著名景点的特色。那么你知道杭州西湖有哪四大怪吗?今天我就给你介绍一下。

杭州西湖四大怪是:孤山不孤、长桥不长、断桥不断、两高不高。

（1）孤山不孤

孤山是一个风景迷人的地方,南宋理宗曾在此兴建规模宏大的西太乙宫,把这里当作御花园,后来被雍正皇帝改建为圣因寺。

孤山的面积很大,是杭州西湖中最大的一个岛屿,这里之所以取名

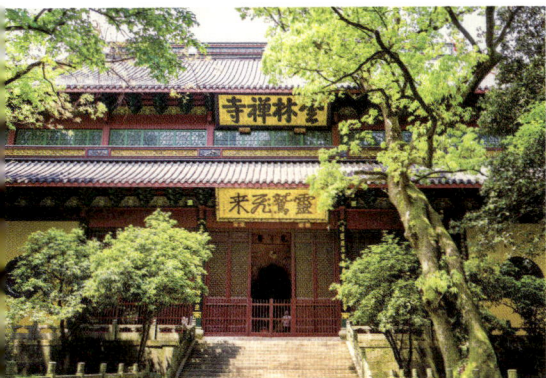

灵隐寺

为"孤山",是因为被古代自称为孤家寡人的皇帝占有,因此得名。

但是根据地质学来说,孤山是由火山喷出的流纹岩组成,它其实是和陆地连在一起的,所以就有了"孤山不孤"的说法。

(2)长桥不长

长桥位于西湖东南角,柳浪闻莺附近,长桥公园内。古代长桥九曲十八盘,长约500多米,是西湖三大情人桥之一。

相传南宋淳熙年间,钱塘书生王宣教和少女陶师儿自由恋爱,受到陶母的坚决反对。迫于无赖,二人在八月中秋之夜,双双投入长桥之下而死。后人为纪念这对忠贞不渝的恋人,将此桥称为"双投桥"。

斗转星移,长桥旁水口渐渐淤塞,桥变短,只剩下三四米左右。现在看到的长桥是2002年重建的。

"长桥不长",指的是梁山伯与祝英台,两人在桥上送别,依依不舍,你送过来,我送过去,来回送了十八次。桥虽不长情意长,故民间

长桥夜色

有长桥之称。

（3）断桥不断

前文已经讲过，断桥也是西湖的情人桥之一，当时白娘子和许仙在这里借伞定情的爱情故事流传至今，成为一段爱情佳话。

冬天的时候可以看到断桥残雪的美景，但是远远地看着似断非断；断桥还是白堤的终点，从平湖秋月到这里就此中断了，所以大家都说"堤断桥不断"。

（4）两高不高

"两高不高"说的是南高峰和北高峰，虽然都有一个"高"字，但其

实都不高。南高峰海拔不过257米，北高峰海拔314米。

因为北高峰是西湖周围群山中相对较高的山峰，故经常被人们误认为是杭州的最高峰。

实际上，杭州市区比北高峰高的山峰不下10座，比如如意尖海拔500多米，就连北高峰西侧相连的美人峰也比它高50米。

（三）香：香味——园林影响

1. 圆明园

圆明园"双峰插云"位于福海西北岸平湖秋月景点东面，是一座建

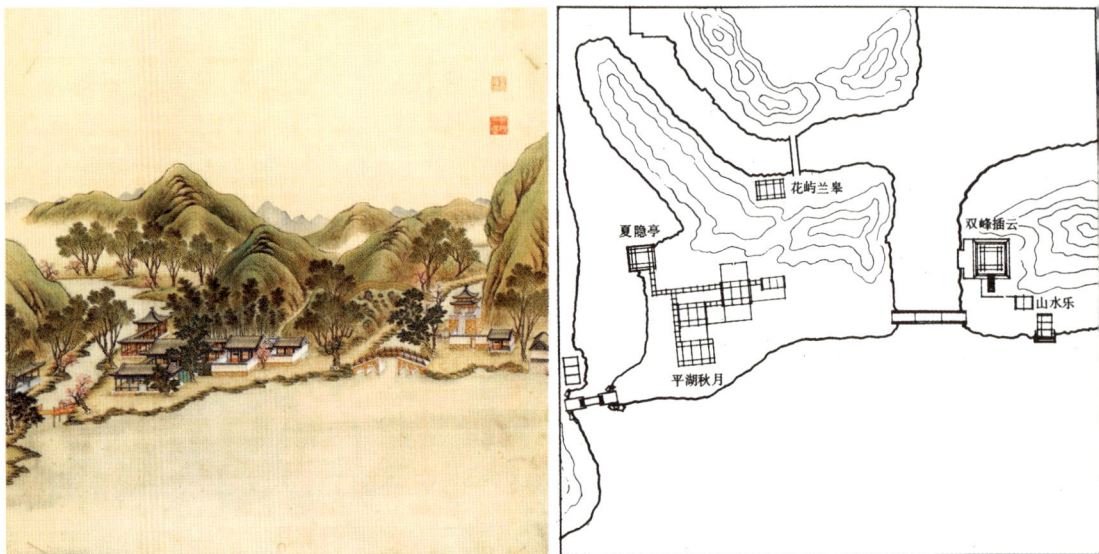

清·沈源、唐岱《圆明园四十景图》之"平湖秋月"及其平面图

于高台之上的重檐四角方亭，亭外悬挂着乾隆御笔题写的"双峰插云"匾额。高台南面有石阶通至方亭，台下西侧有一座带围栏的平台。

这个景区造型上融汇了杭州西湖平湖秋月和双峰插云的精华。双峰插云建在这里的最大用意就是借此平台向西山眺望。每到九九重阳节，这里就是皇帝和皇后登高远眺的地方。

借助对北京西郊地区地形的分析，我们可以在这里做一个简单的遐想：当皇帝站在圆明园双峰插云高台之上放眼西方的时候，北京西山以一片迤逦起伏的雄壮姿态映入了他的眼帘。从西北的望儿山到西南的万寿山，一片西山入画，玉泉山上的定光、庙高二塔也可以隐约浮现。

要知道，古时西湖两峰之上确实是建有南北两座高塔的，如此切题怎能令皇帝忘怀？所以说，圆明园"双峰插云"虽没有南北双峰的真实对景，但北京西山地区的山容水态足以使皇帝感受到不同于西湖景致的另一番震撼之景。

2. 承德避暑山庄

承德避暑山庄"锤峰落照"与杭州西湖的"双峰插云"也是一对相似的景点。

"锤峰落照"位于松鹤清樾北山顶峰，是一座3间卷棚歇山顶大型观景亭，属于"避暑山庄七十二景"之一。它的景观意义在于借助高度进行远眺，在这里，磬锤峰首先映入眼帘，每当夕阳西照，磬锤峰被红霞照得金碧生辉，故名"锤峰落照"。

在这里看日落是一件难得的美事，雄奇峻秀，矗然倚天，蔚为壮观，这里的夕阳再也不是悲观的事物，而是极美的一幅画面。"只要夕阳无限好，何须感叹近黄昏？"

"锤峰落照"始建于康熙朝，乾隆皇帝曾在御制诗中提出"锤峰落照"不输于杭州西湖"双峰插云"，虽然据此不能肯定二者的模仿关系，但也说明它们具有一定相似性。

"锤峰落照"与"双峰插云"两处景点均选择观景条件优越的地方远眺山峰，并在山顶各有视觉焦点，分别借景白云、夕照等瞬时天象，确实有相近之处。差别在于"双峰插云"的观景点在湖上，是移动的；而"锤峰落照"的观景点在半山，是固定的。

清·钱维城《避暑山庄七十二景》之"锤峰落照"

第四道

"笋干老鸭煲"：
月光——三潭印月、平湖秋月

笋干老鸭煲

尝完了前面三道硬菜，接下来就来碗鲜汤解解腻吧！

笋干老鸭煲是杭帮菜的代表菜之一，最先由杭州张生记酒店所创，后经杭州名厨叶杭胜大师改良，成为红遍大江南北的名菜。

笋干老鸭煲是将老鸭、火腿和笋干，用砂锅在文火上炖几个小时，直至拆骨就散。

该菜品汤醇味浓，油而不腻，酥而不烂，鲜美可口，吃完仿佛置身"月光"轻洒的湖面，嘴里微微回甘，心中些些暖意。

说到"月光"，那必定是西湖十景中有着"皓月秋景"的两处景点——"三潭印月"和"平湖秋月"啦，一处体现出引发禅境思考的"灰色"意境，另一处则蕴含着湖天一碧、水月相融的"蓝色"情调，令古今游人如痴如醉。

那就赶紧端上这道有着"灰色"加"蓝色"色调的"笋干老鸭煲"吧！

一、宝鉴开奁水接天：灰色——三潭印月

灰色是一种中立色，具有中庸、平凡、温和、谦让和高雅的心理感受，也被称为高级灰，是经久不衰、最经看的颜色。任何色彩加入灰色都能显得含蓄而柔和。

天地初开最中间的灰，不用和白色比纯洁，不用和黑色比空洞，而是有点单纯、有点寂寞、有点空灵、捉摸不定的，奔跑于黑白之间，像极了人心，是常变的、善变的，却是最生活的颜色。

"三潭印月"插画（杨翔 绘）

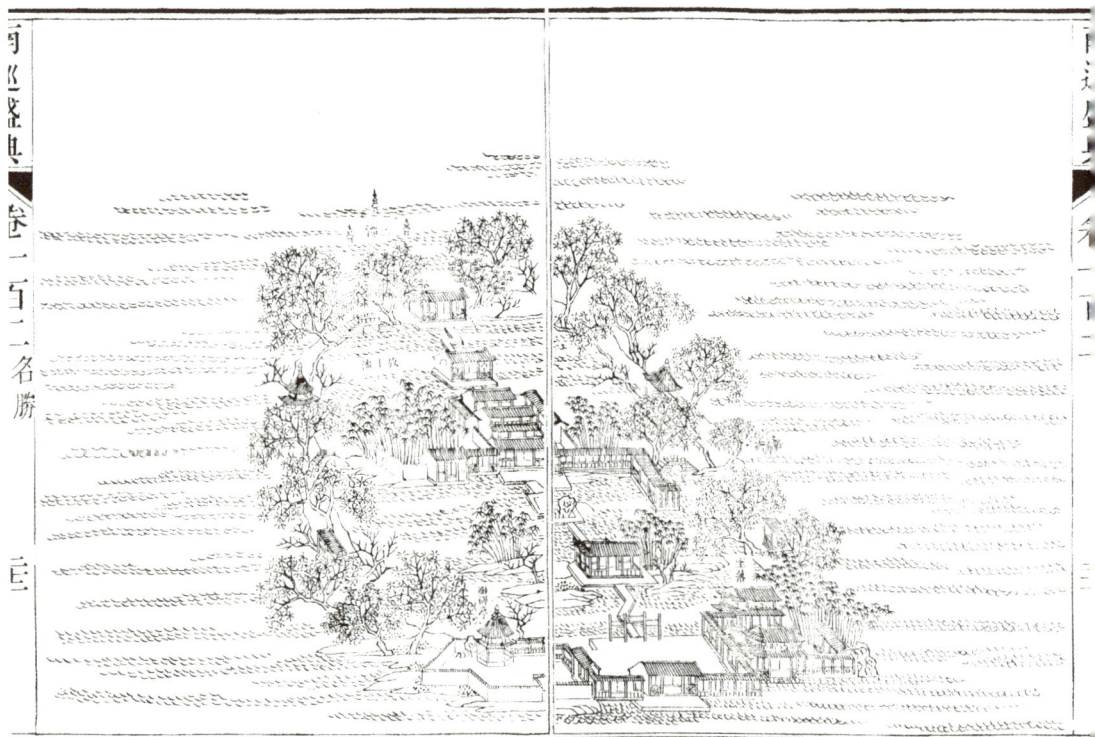

清·《南巡盛典名胜图录》之"三潭印月"

与之呼应的就是"三潭印月"中的"我心相印亭"。

"我心相印"是佛教禅语，本意为"心""相"合一，是由内而外达到一致性，"表里如一"，引申为"彼此意会"。人心是像"灰色"一般没法完全定性、定量描述的，那就只有意会了。

我心相印亭前设置了石栏杆，凭栏瞭望，湖中三座石塔亭亭玉立在眼前，广阔的湖面与远近景色也历历在目，加上石塔，本身就是"灰色系"的。

"三潭印月"中蕴含的人文底蕴，正像"灰色"一般，内敛一些、朦胧一些、低调一些，它甚至比黑色和白色更有潜在的力量！

（一）色：卖相——景点介绍

"三潭印月"包括西湖外湖西南部的小瀛洲岛及岛南局部水域，是著名的水上园林景观，以月夜里在岛上观赏月、塔、湖的相互映照、引发禅境思考和感悟为主题。

中国古典园林的营造法式恪守着"一池三山"的模式和格局，以此来隐喻"蓬莱三岛"，象征传说中的仙家胜境，寄托淳朴而美好的愿望。

毫不例外，在西湖，人们也把湖心亭、阮公墩、三潭印月比作"蓬莱三岛"。所以，三潭印月也就有了"小瀛洲"的雅号。

岛上绿树掩映、花木扶疏；湖岸垂柳拂波，水面亭榭倒影。园林景观富于层次变化，形成"湖中湖""岛中岛""园中园"的独特空间布局，因其鲜明的特点被誉为"西湖第一胜境"。

小瀛洲前身是水心保宁寺，也称湖心寺，北宋时是湖上赏月的佳处。

小瀛洲的平面轮廓呈现明显的"田"字造型，外围的堤岸和内部十字形长堤由岛桥相互联系，岛上建筑精致，四时花卉扶疏，有着"水上仙子"的美称。内部的水面也被岛桥自然分割成四个小湖，十字交叉位置的中心绿洲上鸟语花香，"卍字亭"造型独特，"竹径通幽"的花墙充满诗意。

"我心相印亭"在岛的南端，在这儿就可观赏到"三潭印明月"的绝美胜景。

岛南湖面上有三座石塔鼎足而立，塔高2米，球形塔身中部镂空，开了5个小圆孔，有"明月映深潭，塔分三十二"的说法。

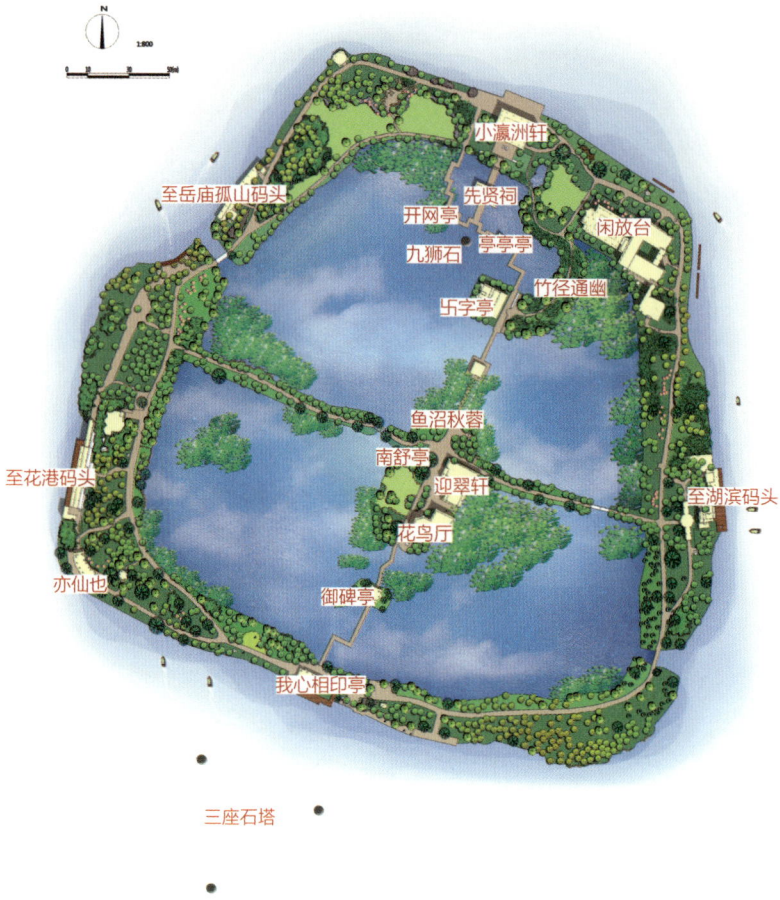

小瀛洲平面图

至岳庙孤山码头
小瀛洲轩
先贤祠
开网亭
闲放台
亭亭亭
九狮石
竹径通幽
卍字亭
鱼沼秋蓉
南舒亭
迎翠轩
至湖滨码头
至花港码头
花鸟厅
亦仙也
御碑亭
我心相印亭

三座石塔

开网亭

卍字亭

我心相印亭

　　每当月圆之夜，塔里点上蜡烛，因为每座石塔有5个圆孔，三座塔就是15个，加上水中倒影就是30个，再加天上的明月及其水中的倒影，仿佛水天之间总共有32个圆形的月亮一样，月光、烛光、湖光交相辉映，景色十分迷人。

　　三潭印月露出水面的三座瓶形石塔，一座在苏堤望山桥（自南数第三座）之左，为南塔；一座在苏堤压堤桥（自南数第四座）之左，为中塔；一座在苏堤东浦桥（自北数第二座）之左，为北塔。

　　民间传说三座石塔是观音菩萨抛出的一只倒扣着的巨大香炉的三只脚，而这只大香炉困着一条兴风作浪的黑鱼精，香炉的三只石脚伸出水面，就成了三潭印月。

　　其实，这三座石塔是北宋大诗人苏轼疏浚西湖后，为了监测泥沙淤积情况，在湖水最深处设置的标记，用来警示百姓，严禁在石塔范围内种植菱芡，以免西湖再次淤积。

　　但苏轼所建的三塔形制和位置与现在有所不同，如今的三塔是在明代天启年间重建的。

　　皓月当空之时，月光、烛光和湖光交相辉映，月影、塔影、云影相互映衬，呈现出一幅"一湖金水欲溶秋"的美景，让人流连忘返。此时的"空中月""水中月""塔中月"与赏月人的"心中月"融合辉映，引发出富有禅境意味的心性关照和人生感悟，并激发和寄托了"千里共婵娟"的思念之情，三潭印月因此成为杭州西湖景观最经典的标志。

三潭印月石塔

　　启用于2008年的杭州城市标志，现在在城市各种公共服务系统中都可以看到，它的右半部分就隐含了著名的"三潭印月"形象。
　　第五套人民币一元纸币的背面就是三潭印月盛景，可见"三潭印月"既是西湖的象征，也是华夏壮美河山的代表之一。

三潭印月禅境

HANGZHOU
杭州

杭州城市标志（右半部分隐含了"三潭
印月"形象）

一元人民币背面的"三潭印月"景观

（二）味：食材——名人轶事

"三潭印月"中的食材分别是"雪帅痴梅"和"我心相印"，说的是
晚晴名人彭玉麟"梅姑之恋"和康有为"老夫少妻"的爱情故事。

1. 雪帅痴"梅"

彭玉麟（1816—1890年），清朝著名政治家、军事家、书画家，人
称"雪帅"，湘军水师创建者、中国近代海军奠基人，官至两江总督兼
南洋通商大臣、兵部尚书，封一等轻车都尉。与曾国藩、左宗棠并称
"晚清三杰"，与曾国藩、左宗棠、胡林翼并称"中兴四大名臣"。

同治十二年（1873年）春，时任兵部侍郎兼长江水师提督的彭玉麟
巡江后再次来到杭州。因为羡慕西湖风光，奏明朝廷，决定在小瀛洲岛
北部原来湖心亭处修筑一所寓所，取名"退省庵"，以供将来退休归隐
后休养。因此，杭州成为彭玉麟的第二故乡。"退省庵"也被叫作"彭公
祠"，现在叫做"小瀛洲轩"。

彭玉麟多才多艺，诗书画俱佳，以画梅闻名于世，他一生画了上万幅梅

彭玉麟

花图，在每幅梅花图上都题了以梅花寄情的咏梅诗。这些号称"梅花百韵"的咏梅诗，寄托了彭玉麟一生的爱恋、思念、牵挂、愧疚和悔恨。

清代书画有两绝，一是郑板桥的"墨竹"，二是彭玉麟的"梅花"。彭玉麟所画的梅堪称一绝。他笔下的梅花风骨凛然，虬枝如龙，花似血溅，被称为"兵家梅花"，与文人墨客的梅花大相径庭。

据说，彭玉麟喜欢画梅，是思念梅姑的爱情信物。

关于"梅姑之恋"，有多个版本，其中一个版本是这样说的。

彭玉麟小时候曾经住在安徽安庆的外婆家里，最喜欢跟外婆的养女梅姑一起玩耍。梅姑虽然只比彭玉麟大一点点，但是从辈分上讲，她是彭玉麟的小姨。

彭玉麟画的梅花

两人青梅竹马，两情相悦，私定终身。但两人的恋情因为八字不合遭到家人的反对。

后来彭玉麟跟着全家搬回衡阳，他和梅姑不得不忍痛分别，而这一别就是14年，彭玉麟也已经娶妻成家。

在彭玉麟30岁的那一年，他听说舅舅在安庆去世了，外婆和梅姑没有人赡养，于是他赶紧就派了自己的弟弟去安庆，把外婆和梅姑接到衡阳来住。

而梅姑来到彭家没多久，彭玉麟的妻子嫉恨彭玉麟与梅姑的关系，唆使彭玉麟的母亲把梅姑嫁出去了。

彭玉麟曾经考虑要阻止这件事情，但是因为决断迟了，错过了最后挽回的时机。

梅姑出嫁四年以后，死于难产。彭玉麟伤心得捶胸顿足，在梅姑坟前立下誓言，要一生画梅，以万幅梅花来纪念她。

彭玉麟说到做到，他画了整整40年，才完成了以万幅梅花纪念梅姑的承诺。而且他丧妻后终生未娶。

他辞官隐居期间，一是在湖口水师昭忠祠旁边建厅，遍栽梅花，号称"梅花坞"，就是今天石钟山的著名旅游景点梅花坞；二是在家乡衡阳修筑"退省庵"，在庵里吟诗作画，画梅数量多达万幅，而且每幅必自题一诗，无一雷同，而句意必有所托。

彭玉麟每画成一幅画，必盖一章："伤心人别有怀抱""一生知己是梅花"。

可见，彭玉麟对梅姑的爱是那样的刻骨铭心，也可见他这个人的痴情奇绝、遗世独立。

2. 我心相"印"

小瀛洲岛的主体建筑是小岛北端灰瓦单檐歇山顶的飞檐翘角敞轩——小瀛洲轩，北面悬赵朴初先生题写的"小瀛洲"匾额，南面悬挂康熙御笔的"三潭印月"匾额，匾额下面左右两边的楹联上，有一副76字长联：

上联为："岛中有岛，湖外有湖，通以卅折画桥，览沿堤老柳，十顷荷花，食莼菜香，如此园林，四洲游遍未尝见。"

下联为："霸业销烟，禅心止水，阅尽千年陈迹，当朝晖暮霭，春煦秋阴，饮山水绿，坐忘人世，万方同慨更何之。"

那是20世纪20年代初，康有为游西湖时题撰的。这副楹联，描述了西湖景色，也暗喻他的风云际会、大喜大悲的沧桑人生。

康有为（1858—1927年），原名祖诒，字广厦，号长素，广东省广州府南海县丹灶苏村人，人称康南海，晚清时期重要的政治家、思想家、教育家，资产阶级改良主义的代表人物。

民国建立后，康有为黯然退出政治舞台，渐渐淡出人们的视线。

晚年的康有为喜爱杭州西湖景色。他在西湖边上购买田地，修建"一天园"别墅。"一天园"坐落在凸入湖面的丁家山下，三面环水，湖山尽览，水天一色。当地百姓叫它"康庄"。

康有为常常与三五文人墨客在西湖上，游山观水，谈经论道，吟诗作对。

一天，康有为乘船游西湖，湖上传来一曲清越的吴歌。一位年轻农家女在岸边石阶上洗衣、歌唱。

当时，康有为已有五房太太、姨太太。见过太多的南国丽姬、北地胭脂，却被那位洋溢着田园美的浣纱女所打动。康有为随即差人去打听浣纱女是否婚配。

经打听此女姓张，小名阿翠，年仅18岁，尚未婚配。康有为赶紧托人提亲。张家见他已年逾花甲，婉言相拒。但在康有为的坚决要求和媒人尽力撮合之下，家境贫寒的张家最终点了头。

1919年，在上海愚园路康公馆举行的婚礼上，有众多达官贵人、文人墨客前往庆贺，多家报纸报道了那场白发叟翁迎娶红颜娇娘的艳事。

那年，康有为61岁，阿翠19岁。

康有为与阿翠，婚后居住在西湖"康庄"，老夫少妻，感情深厚。阿翠娘家姓张，康有为为她取名张光，请了家庭教师教阿翠读书，并手把手教阿翠练习书法。

与年轻的阿翠在一起，康有为的心境也年轻起来。

朝晖夕照里，康有为与阿翠携手漫步西湖的柳荫长堤。在三潭印月的御碑亭，眼前的康熙御题与西湖美景，让康有为忆起自己壮年时期那一幕幕雄壮经历：公车上书、戊戌变法、与张勋拥立幼帝……他感慨万千，于是写下了那幅长联。

1927年，69岁的康有为猝死于山东青岛。这对阿翠伤害很深。青春新寡，孤寂无助，说不尽的相思与怀念。

康有为留下的那一箱字画，她视如生命，每每怀念先夫，便开箱察看字画。1945年，字画被盗，不翼而飞，阿翠开箱后当即晕厥，一病不起。不久，阿翠命赴黄泉，追随夫君而去。

 康有为

 张光

（三）香：香味——园林影响

圆明园"三潭印月"位于福海东北部方壶胜境涌金桥西面，其西部与四宜书屋大船坞隔山毗邻，整组建筑处于一条东西向的水湾之中，由东西两部分组成。

东面仿效西湖"三潭印月"小瀛洲栈桥，建了一组九曲临水建筑，水中有一座重檐四角亭，悬挂着"三潭印月"匾额。西面水池中央立着三座葫芦形石塔，与西湖三潭石塔形制相仿，略有不同。

圆明园"三潭印月"，虽然水面面积大大缩小，比不上西湖，但是湖水、叠石、石塔、敞亭、水桥被完全收罗在这处半封闭的场所中，虽然层次鲜明，但感觉有点复杂拥挤，仅仅是三潭印月主题的生硬再现。

大约在道光至咸丰时期，"三潭印月亭"被拆除，匾额也被移到了别的地方。

清·沈源、唐岱《圆明园四十景图》之"方壶胜境"及其平面图

二、月照花林皆似霰：蓝色——平湖秋月

蓝色，是冷色调中最冷的色彩。蓝色非常纯净，通常让人联想到海洋、天空、湖水、宇宙。

由于蓝色博大的特性，具有理智、准确的意象，在商业设计中，强调科技、效率的商品或企业形象，大多选用蓝色当常用色，如电脑、汽车、手机、摄影器材等。

蓝色也代表忧郁，这是受了西方文化的影响，这个意象也运用在文学作品或感性诉求的商业设计中。

在全世界，给予蓝色的评价都是很高的。例如：英国贵族血统被称为"蓝血"（Blue Blood），皇室和王族女性所穿的深蓝色服装被称为"皇室蓝"。在基督教中，蓝色是圣母玛利亚的象征。

人们自古还认为穿蓝色衣服能够辟邪，因为蓝色是天堂的颜色，所以邪恶力量对它比较避讳，因而人们认为蓝色能带来好运。有首儿歌是这么唱的："摸摸蓝，你的愿望就成真。"

"平湖秋月"插画（杨翔 绘）

清·《南巡盛典名胜图录》之"平湖秋月"

171

所以，蓝色常常给人一种美丽、冷静、理智、安详与广阔的感受。一如"平湖秋月"这一美景的广阔静谧：一潭平静的湖水，映照着一轮皎洁的秋月，碧空万里，波光闪烁，青山、绿树、亭台、楼阁，在月光下仿佛披上了一层轻纱。整个西湖好像是一个童话世界。

（一）色：卖相——景点介绍

中国古代文人对观赏西湖胜景的时刻有过一段绝妙的评说："晴天不如雨天，雨天不如月夜，月夜不如雪景。"因此，西湖景观的观赏特点之一是月夜观赏要胜于白天。

杭州西湖，历来是最佳的赏月场所。

在白堤西端，就有一处月白风清的观赏点，那就是"平湖秋月"景区，它背靠孤山，面临西湖的外湖，景观沿湖一面敞开，包括水院空间、御书楼、御碑亭、月波亭、观景平台等建筑。

由于"平湖秋月"伸出水面的平台非常宽广，视野十分开阔，所以成为一流赏月胜地。每当清秋气爽，西湖湖面平静如镜，皎洁的秋月当空，月光与湖水交相辉映，颇有"一色湖光万顷秋"之感，故题名为"平湖秋月"。

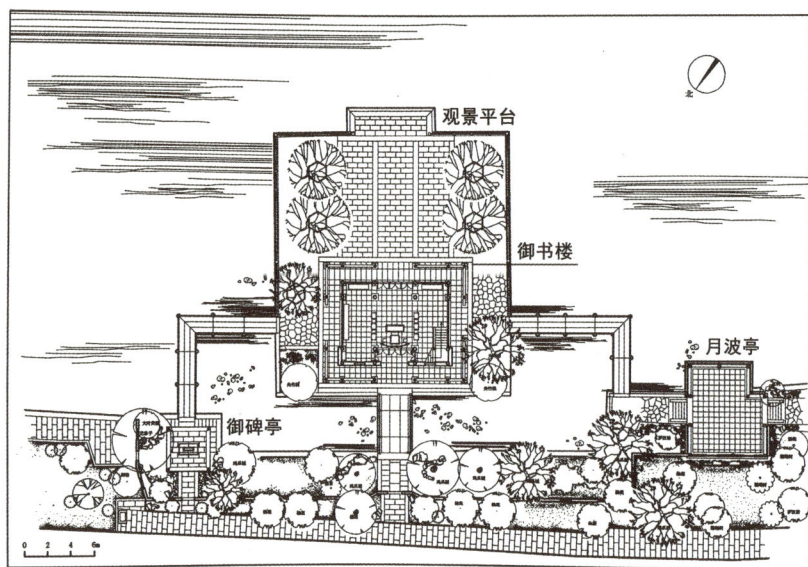

平湖秋月平面图

平湖秋月

御书楼

观景平台

御碑亭

月波亭

杭州秋季的天气以晴朗为主，晚上气温在20℃左右，相对湿度80%左右，风速每秒3米到4米，大气中的飘尘杂质比较少，月光的穿透率特别高，云淡风轻，天高气爽，因此看到的月亮会显得特别大、特别圆、特别亮、特别清澈，所以就有"四时月好最宜秋""月到中秋分外明"的说法。

（二）味：食材——名人轶事

水月相融的美景，当然有着丰富的文化内涵。平湖秋月的食材，就包括了"湖天罗苑"和"南粤轻音"。

第一个讲的是犹太商人哈同和他的湖天一碧楼，第二个讲的是广东音乐家吕文成和他的轻音乐《平湖秋月》。

1. 湖天"罗苑"

湖天一碧楼，位于平湖秋月西侧，是一幢掩映在花木丛中的滨湖二层园林建筑，面积约600多平方米，早先曾是犹太商人哈同花园的一部分，1987年进行整修，仍保持其古色古香的风貌。

湖天一碧楼飞檐翘角、花棂门窗、雕梁画栋、花檐滴水，外观精美雅致，内部装饰细巧别致。楼临水而筑，这里水天一色，故称为"湖天一碧"。现为杭州西泠书画院的院址。它原先的主人是英籍犹太商人哈同。

哈同（1851—1931年）是19世纪末、20世纪初驰骋上海的一位犹太裔房地产大亨。他6岁时父亲去世，靠拾破烂，捡煤核，拣瓜皮烂菜维持生活。后来跟随叔叔从印度来到上海。

朝天一碧楼

哈同与罗迦陵

哈同从一贫如洗的状态来到上海，到1931年6月19日病逝时，在上海滩拥有了土地450亩、商铺812幢、住房544幢、办公大楼24幢、旅馆饭店4家、仓库3座。建于1904年的"爱俪园"，更是占地300亩，共有83景，小桥流水，奇山怪石，处处胜似仙境，是上海私人花园之冠，被誉为"海上大观园"。

也许你不太知道这位清末民初犹太富商、"冒险家"。但你肯定知道上海滩的南京路。这条南京路就与哈同有着深厚的联系。

当年，哈同用价值不菲的硬木，铺出了一条上海滩最有名的南京路。为了刺激地价，他出资60万两白银，从国外买来铁藜木，把外滩到西藏路之间的整条南京路全部铺成了平展的木面马路。

本来用红木铺路被人视为房地产商的作秀之举，然而却获得巨大成功。此举不仅提高了哈同在上海滩的知名度，使南京路成为远东乃至全世界最有名的商业街；更使他在南京路的房地产大为增值，从而成为上海最富有的富翁之一。

他的妻子罗迦陵（中国人）与清朝隆裕太后拜了干姐妹，朝廷封罗迦陵为"大清国正一品夫人"，赐给哈同"二等第一双龙宝星勋章"，还赠送了60名太监给他。

无形之中，清朝成了哈同事业前行路上的助推器。

哈同是个投机商，做生意念念不忘巴结权贵。他与英德大佬、清朝遗老、新旧军阀、官僚政客都有往来，更拜晚清隆裕太后之母为过房娘、收宣统的弟媳为干女儿。从清廷到民国，头面人物发给他的奖状、奖章不计其数，给他"高级顾问""外交顾问"的官衔也不在少数。

那在上海的哈同是怎么和西湖扯上关系的呢？

西湖作为上海的"后花园"，当然也被这位精明的犹太房地产商人看中了。

1917年哈同夫妇来杭州游览，看中了平湖秋月旁的公共地块。第二年，哈同贿赂当地官员，用数百两银子购买了这块地，填湖建园造屋，建成后以妻子罗氏命名，称作"罗苑"，而杭州人称其为"哈同花园"。

哈同置办房地产的一贯伎俩是巧取豪夺，这次在西湖平湖秋月旁构筑别墅，也免不了故技重演。

这便激起了杭城市民的抗议和示威，一些地方士绅和社会团体也以"外国人不得在西湖置产"为理由，向政府交涉请愿，一时满城风雨，舆论哗然。

"后花园"杭州的这些情形被哈同夫妇得知了，便不敢再来罗苑居住享受。

1927年，北伐军攻占杭州，浙江省省务委员会作出"接受民意，收回罗苑"的决议。罗苑遂由杭州市政府收回，交付浙江大学管理。

次年2月，"学界泰斗"蔡元培在杭州西湖创建"国立艺术院"（中国美术学院前身）。可当时的开办费用只有15万元，无法建造新校舍。这时有人告诉蔡先生说罗苑正闲置着，可以借用。

蔡元培就和国立艺术院院长林风眠一起去找当时的浙江大学校长蒋梦麟商量。蒋梦麟是蔡元培的学生，一口答应了此事，并只收一块银元的租金。于是，双方签字画押后，林风眠把一枚银元交给了蒋梦麟。

就这样，国立艺术院仅仅用一块银元的象征性代价，租用了罗苑4000多平方米的地产、建筑等，作为艺术院的校舍。

2. "南粤"轻音

其实，"平湖秋月"不仅是一处景点，也是一首著名轻音乐的名称。这首曲子广泛流传在粤剧音乐中，是广东抒情乐曲中的佳品。

20世纪30年代，广东著名音乐家吕文成在中秋时节畅游杭州西湖，西湖美丽的景色，让他感慨万分，触景生情，所以创作了这首描写月夜西湖景色、曲调轻柔秀美的作品。

吕文成（1898—1981年），出生在广东省香山县郊区南下乡，音乐作曲家、演奏家。

吕文成在1919年加入上海"中华音乐会";20世纪20年代在霍元甲创办的精武体育会音乐部担任主事;1923年前后,赴天津、北京及武汉等地巡回演出,独唱了粤曲《燕子楼》和《潇湘琴怨》,领奏了二胡曲《柳摇金》等;1925年,吕文成的音乐创作进入全盛时期;20世纪30年代,吕文成把二胡的丝线外弦换为钢线,成功地制成了高胡,并采用了两腿夹琴筒的演奏方法。

吕文成演唱和灌录了大量广东音乐唱片,为粤乐的流行推波助澜。

吕文成创作的《平湖秋月》,是广东抒情乐曲中的佳品。曲子以清新明快、悠扬华美的旋律,描写了杭州西湖的胜景之一"平湖秋月":皎洁秋月清辉下的西湖幽静迷人,秋夜景象平和、静谧,晚风轻拂、素月幽静。

《平湖秋月》全曲一气呵成,酣畅抒情,被誉为中国器乐作品中最出色的旋律之一。曲调采用了浙江的民间音乐,但又有广东音乐的风格。

此曲的旋律主要以五声音阶递进而成,并以高胡作旋律的主奏乐器,在演奏上利用了大量滑指技巧,表现出平湖秋月静谧的一面。在旋律的演奏中,高胡将明朗清澈的音色,及扬琴、横箫、秦琴等民族乐器的音色特点,及独特韵味都表现了出来。

乐曲演奏出了诗一般的意境,也寄托了人们向往美好生活、渴望太平的愿望和对大自然的热爱之情。

1975年,作曲家陈培勋将其改编成为钢琴独奏曲,使得这首富有中国特色的乐曲更加广为人知。

吕文成

陈培勋

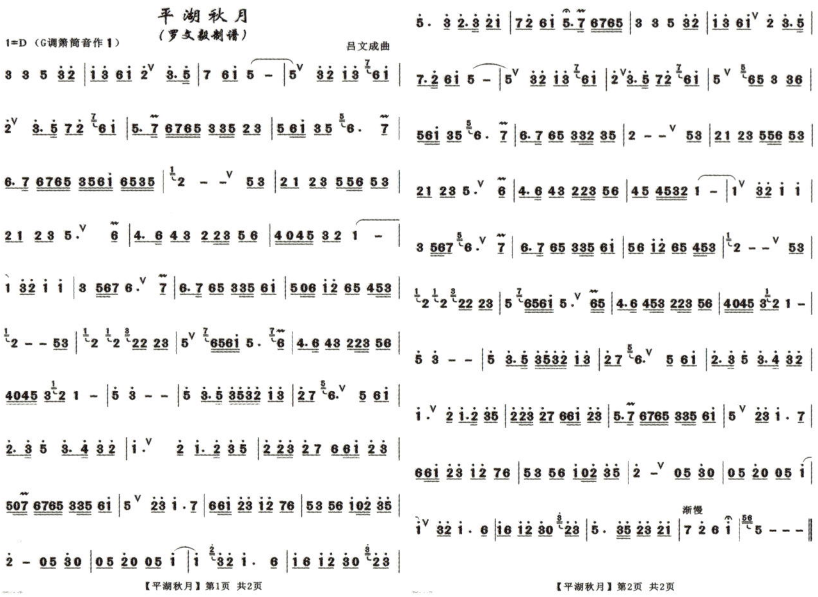

吕文成创作的名曲《平湖秋月》

（三）香：香味——园林影响

1. 圆明园

圆明园"平湖秋月"位于福海北岸，是圆明园历史上模仿杭州西湖十景的第一次尝试，建成于雍正年间。

圆明园与西湖两地的"平湖秋月"在主要建筑的位置关系上有着相似之处。

首先，它们的主体建筑都位于大面积湖水的北岸，拥有同样开阔的南向视野。其次，圆明园"平湖秋月"东端的三孔石桥又恰似西湖白堤上锦带桥的缩影。

"平湖秋月"后来正式列入"圆明园四十景"之中，从乾隆九年（1744年）《圆明园四十景图》上看，此景由一组散布的临水建筑组成，主院分设前后两座三开间小殿。

乾隆时期的"平湖秋月"有五间敞厅，三间正殿，东面有两进跨院相连着，西面有长廊和临水敞亭"流水音"相通。北面山谷中有一座三间殿宇，叫作"花屿兰皋"。

道光时期对平湖秋月进行了大规模的改建，将五间敞厅拆除，东边

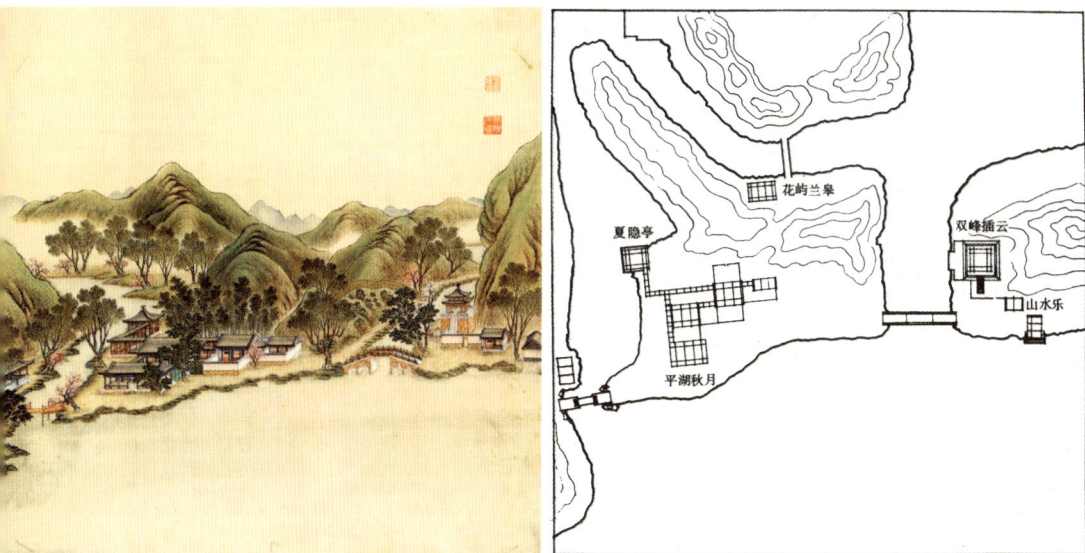

清·沈源、唐岱《圆明园四十景图》之"平湖秋月"及其平面图

跨院院墙以及西边流水音长廊也被同时拆除。

2. 日本东本愿寺涉成园

日本东本愿寺涉成园的滴翠轩就是受西湖"平湖秋月"影响而建的。

前文已经多次提及，涉成园是一座回游式庭院。在涉成园中部的池塘周围四季盛开应时的花卉，散布着几个茶室。园中设置了富有变化的"十三景"。

涉成园四季景色不一，极具观赏价值。漫步在园内，既可以聆听流经庭园的潺潺流水声，又可以观赏到美丽的樱花和梅花，令人神清气爽。

1936年，日本政府指定其为国家级名胜。

第五道

"八宝豆腐"：
佛光——雷峰夕照、南屏晚钟

王太守八宝豆腐

吃了这么多荤菜，怎能少得了来一盘杭州特色小吃——"八宝豆腐"呢!

八宝豆腐是清朝康熙年间的宫廷名菜。据说，康熙在位时十分爱吃质地软嫩、口味鲜美的菜肴。清宫御厨于是经常用鸡、鸭、鱼肉去骨制成菜肴，满足康熙皇帝的喜好。

有一次，御膳房取用优质黄豆做成的嫩豆腐，加肉末、火腿末、香菇末、蘑菇末、松仁末等，用鸡汤烩煮成羹状，康熙品尝后，感到豆腐绝嫩，口味异常鲜美，极为满意。

康熙认为这道菜不仅是因为取用豆腐、香菇、松仁等长寿之物作为原料可使人延年益寿，而且豆腐烹制得法，鲜美细嫩，胜于燕窝。因为采用八种优质原料制成，所以赐名为"八宝豆腐"，他还命人将"八宝豆腐"的用料及烹调方法写成御方。曾多次将它作为比金银财宝还要重要的礼物，赐予江苏巡抚宋仲等宠臣。

后来，康熙又将"八宝豆腐"的秘方，赐给尚书徐乾学。不久，徐乾学又将此方传给门生楼村，楼村又传给自己的后人。

乾隆年间，这个秘方已传到楼村的外甥王孟亭太守手里，故称王太守"八宝豆腐，"并流传至浙江地区，遐迩闻名。

新中国成立后，杭州的名厨师根据药书记载，对八宝豆腐进行研究仿制，发展成富有特色的杭帮名菜。该菜品对病后调养、减肥、细腻肌肤也很有好处。

在佛教中，都以"豆腐"等素食作为餐食。那以五光之一的"佛光"形容"八宝豆腐"再适合不过了。

而西湖十景中的"雷峰夕照"和"南屏晚钟"正是以晚霞镀塔、梵音回荡的佛寺景观而闻名。

咱们品尝一下吧!

一、翠影雷峰晚日曛：金色——雷峰夕照

金色，是一种最辉煌的光泽色，更是大自然中至高无上的纯色，它是太阳的颜色，代表着温暖与幸福，也拥有照耀人间、光芒四射的魅力。自古以来，黄金的价值赋予金色以满足、奢侈、装饰、华丽、高贵、炫耀、神圣、名誉及忠诚等象征意义。

"雷峰夕照"是西湖十景之一，后来人们就把这里的山命名为"夕照山"。每到夕阳西下，一抹残辉带着"金色"的温情洒落在雷峰塔上，分外妖娆。

"金色"本身具有极醒目的作用和炫耀感，并产生光明、华丽、辉煌的视觉效果，"雷峰夕照"这一景观特色便也是如此，不仅带着"金色"的温情，还刺激着人的视觉体验。

「雷峰夕照」插画（杨翔 绘）

清·《南巡盛典名胜图录》之"雷峰夕照"

（一）色：卖相——景点介绍

"雷峰夕照"位于西湖南岸、净慈寺前的夕照山上，因为晚霞镀塔、佛光普照而闻名，最重要的建筑就是雷峰塔。

雷峰塔，原名皇妃塔，相传最早是在五代十国时由吴越王钱弘俶因黄妃得子而建，因此也叫作黄妃塔；因为建在当时的西关外，故又称为西关砖塔。

塔基底部有一个井穴式地宫，存放着珍藏有佛螺髻发舍利的纯银阿育王塔和龙莲座释迦牟尼佛坐像等数十件佛教珍贵文物和精美供奉物品。古塔塔身上部的一些塔砖内，还秘藏着雕版印刷的佛教《一切如来心秘密全身舍利宝箧印陀罗尼经》经卷。

北宋宣和二年（1120年），雷峰塔遭到战乱的严重损坏，南宋庆元年间（1195—1200年）重修，建筑和陈设重现金碧辉煌，特别是黄昏时

雷峰夕照

与落日相映生辉的景致，被命名为"雷峰夕照"，列入西湖十景。

明朝嘉靖三十四年（1555年）五月，倭寇侵犯杭州，大肆掳掠、破坏，雷峰塔也难幸免，塔的腰檐及平座等木构部分全部被烧毁，只留下了一个残破的砖塔身，一直维持到1924年倒塌，最后以遗址的形式保存。

雷峰塔遗址由塔基、副阶、塔身、地宫等部分组成。

雷峰塔高大的塔基，平面呈等边八角形，四周砌有盘石基座。建筑台基由原来西高东低的自然山体经过平整、改造而成。东侧塔基座为双重的石砌须弥座，雕刻象征佛教"九山八海"的须弥山、海涛；西侧因地势较高，基座只采用单层的须弥座形式。

副阶，是佛塔的外回廊。在塔体底层附建外廊，可使佛塔更为壮观，又可增强建筑的稳定性。副阶同时也是佛教徒绕塔礼佛和观看在塔体嵌立《华严经》诸石刻佛经的场所。

184

塔身，是八边形的双套筒式回廊结构，对径达25米，雷峰塔的结构与苏州虎丘塔、杭州六和塔相仿，但规模更大——由外及内，依次为外套筒、内回廊、内套筒、塔心室。

地宫建于塔基正中心的塔心室下方，是整穴式单室。平面呈方形，内壁边长0.6米，深0.72米，地宫内共出土文物51件（组），等级高、制作精，代表了吴越国在金银器、玉器、铜器制作方面的最高工艺水平。

雷峰塔遗址是杭城五代"东南佛国"的建筑遗存，它的发掘填补了五代十国时期中国佛塔地宫考古的空白。

雷峰塔在历史上曾与保俶塔形成西湖南北两岸的对景；同时，雷峰塔还因中国四大民间爱情故事之一的《白蛇传》而成为爱情忠贞的象征，赋予了西湖景观丰富的人文内涵。

2000—2002年，为保护雷峰塔遗址，建造了外部保护设施——"新塔"。

雷峰新塔，由清华大学建筑学院设计，建造在雷峰塔原址上。外观是一座八面、五层楼阁式塔，通高71.679米，占地面积3133平方米。

全塔上、下、内、外装饰富丽典雅，各层屋面都覆盖铜瓦，每个转角处设置了铜斗拱，飞檐翼角下悬挂铜制的风铃。

雷峰新塔

塔身的二层以上，每层都有外挑平座，平座设栏杆，绕塔而成檐廊，可供游人登塔赏景。登上雷峰新塔，西湖山水美景和杭州城市繁华尽收眼底。

同时，按照唐代建筑尺寸和历史图片进行轮廓设计的新塔，保持了塔身的历史形象，再现了西湖景观的历史特征。

因此，新塔兼顾了遗址保护和"雷峰夕照"景观特征保护需求，延续了西湖景观的空间轮廓历史特征，以及雷峰塔的文化象征意义，是继承与创新、历史与现代、自然与文化完美结合的典范。

（二）味：食材——名人轶事

"雷峰夕照"景点的食材包括"水漫金山"和"雷峰意象"，既是民间传说故事，又与名人鲁迅相关。

1. 水漫"金"山

雷峰塔既倒，西湖水未干。

雷峰塔之所以远近闻名，与民间传说《白蛇传》有很大的关系。

相传，法海和尚曾将白娘子镇压在塔下，并留下咒语："若要雷峰塔倒，除非西湖水干。"

这个传说发生在宋朝时的杭州、苏州及镇江等地。白素贞是千年修炼的蛇妖，为了报答书生许仙前世的救命之恩，化为人形欲报恩，后遇到青蛇精小青，两人结伴。白素贞与许仙相识，并嫁给他。

婚后，金山寺和尚法海阻碍他们的婚姻，将许仙骗至金山寺并软禁，白素贞同小青一起与法海斗法，水漫金山寺，却因此伤害了其他生灵。

白素贞因为触犯天条，在生下孩子后就被法海收入钵内，镇压在雷峰塔下。

后来白素贞的儿子长大得中状元，到塔前祭母，文曲星驾临，感动了神灵，法力失效，宝塔坍塌。终于将母亲救出，全家团聚。

白娘子与许仙的爱情故事，为雷峰塔平添了许多神秘和感伤。

《白蛇传》的传说源远流长，家喻户晓，是中国四大民间传说之一，（其余三个为《梁山伯与祝英台》《孟姜女哭长城》《牛郎织女》），被列

镇江金山寺

入"第一批国家级非物质文化遗产"。而正是这一凄美的传说，给诗画杭州、水墨西湖增添了神秘的色彩，叫来到此地的游人，产生了无尽的幻想和叹息。

新中国成立后，著名京剧表演艺术家张君秋、昆曲表演艺术家白云生等都将《雷峰塔》《白蛇与许仙》等剧目作为自己的代表作。电视连续剧《新白娘子传奇》更是家喻户晓。

2. 雷峰"意"象

1924年9月25日，年久失修的雷峰塔砖塔身终于轰然坍塌，引发了社会思潮和园林景观的双重意象重构。

鲁迅先生在1924年11月17日北京《语丝》周刊第1期发表的《论雷峰塔的倒掉》中说："我的祖母曾经常常对我说，白蛇娘娘就被压在这塔底下！有个叫作许仙的人救了两条蛇，一青一白，后来白蛇便化作女人来报恩，嫁给许仙了……"

《再论雷峰塔的倒掉》作于1925年2月6日，最初发表于《语丝》周刊第15期（1925年2月23日）。

在文中鲁迅先生借题发挥，将雷峰塔倒掉的社会新闻与《白蛇传》的民间故事巧妙地结合起来，借雷峰塔的倒掉，赞扬了白娘子为争取自由和幸福而决战到底的反抗精神，揭露了封建统治阶级镇压人民的残酷本质，并鞭挞了那些封建礼教的卫道士，从而表达了人民对"镇压之塔"倒掉的无比欢欣的心情。

写作此文时，上距辛亥革命13年，下距五四运动仅5年。辛亥革命虽然结束了两千年来的皇权统治，但并未改变中国的半殖民地半封建社会性质。五四运动，特别是同时进行的新文化运动，虽然对封建思想、封建道德进行了有力的冲击，但也远没有将这些污泥浊水涤荡干净。

1924年冬，正是北洋军阀政府加强其反动统治，而反对北洋军阀政府的革命斗争也日趋高涨的时候，鲁迅正好在此时发表这两篇文章，大题小做，借题发挥，其意义是远远超过了批判封建礼教的范围的。

至于雷峰塔倒塌的真正原因何在呢？

据说是因为当时杭州养蚕的人家居多，蚕宝宝经常被蛇吃掉，人们认为雷峰塔镇压白蛇，上面的砖能够镇住蛇，所以纷纷去塔下拆砖。天长日久塔基松动，雷峰塔自然就倒塌了。

雷锋塔倒掉对西湖园林景观产生了重要影响，主要表现在以下两个方面：

第一，从西湖南线的角度看，雷峰塔是南线的重要景观标志和吸引物。

来杭州旅游的游人遥望南山，有一座塔巍然矗立，自然乘兴而来，故能起到"一塔在望，全线皆活"的作用。

古时候，被雷峰塔吸引到南线来的游人，从清波门游赏"柳浪闻莺"之后，沿途可浏览钱王祠、谢家花园、汪庄、小有天园、白云庵、净慈

雷锋塔上眺望西湖夕阳美景

西湖北部地标——保俶塔

西湖南部地标——雷峰塔

鸟瞰雷峰塔

雷峰塔

寺等名胜古迹，到了"雷峰夕照"，下面又有"南屏晚钟"，塔影钟声，如诗似画，趣味无穷。

自从雷峰塔倒掉后，西湖南线就没有了视觉焦点，逐渐被冷落，自南宋以来游人摩肩接踵的盛况不再出现。

第二，从西湖风景区全局角度看，雷峰塔倒塌后影响了西湖布局之美。

西湖上的景点分布，保俶塔、雷峰塔一北一南成为西湖的地标和制高点，也让西湖风景从二维平面变成三维立体。特别是在夜色中，任何人从任何地方进入西湖，都会一眼看到亮丽的保俶塔或雷峰塔。

人们常说西湖两塔中保俶塔像少女、雷峰塔像老衲，这个形容非常贴切。整个西湖也因此具有两种气质：少女的俏丽多姿、老衲的厚重深沉。

所谓"南北相对峙，一湖映双塔"。湖上双塔，水中双影，与湖中三岛、苏白二堤相辉映，曾使历代多少诗人、画家为之倾倒。

雷峰塔倒塌后，西湖布局失调，南北失重。犹如西子失其一臂，破坏了西湖景观总体上对称之美。

1999年底，浙江省与杭州市人民政府郑重决策：顺应人民群众的心愿，遵循可持续发展理念，贯彻文物保护原则，发掘雷峰塔地宫，建造雷峰塔遗址保护设施，并对遗址保护设施的内在功能和外观形象加以延伸、拓展，按雷峰塔原有的形制、体量和风貌建造雷峰新塔，从而在中国风景保护和建设史册上留下了四项"天下第一"：

塔类建筑首次采用钢材框架作为建筑支撑、承重主体的天下第一。

塔类建筑中采用铜件最多、铜饰面积最大的天下第一。

塔类建筑内部活动空间最宽敞的天下第一。

塔类建筑内部文化陈设最丰富的天下第一。

（三）香：香味——园林影响

圆明园四十景之一的"涵虚朗鉴"，就是仿照杭州西湖"雷峰夕照"建造的。

涵虚朗鉴建于乾隆初期，位于福海东岸，占地面积1.2万平方米。整个建筑坐东朝西，临湖岸建有平台，这里是欣赏湖景、远眺西山晚霞的好地方。

涵虚朗鉴景区分为南北两个景区，北面建有一座重檐四方亭，亭上

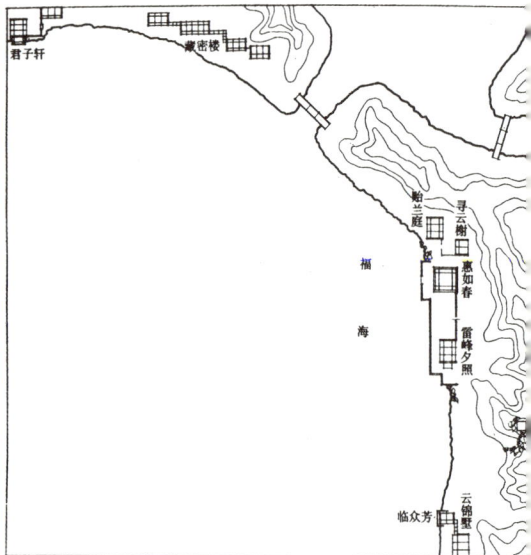

清·沈源、唐岱《圆明园四十景图》之"涵虚朗鉴"及其平面图

挂着乾隆御笔"贻兰庭"匾，亭南建有平台，平台西侧设有栏杆，东侧建有月亮门可供进出，墙上还有各式什锦窗，平台南有"会心不远"殿与其相连接。

在"会心不远"殿南侧有三间抱厦殿，面湖而建，殿外檐悬挂着乾隆御笔"雷峰夕照"匾。

二、一自钟声响清夜：黑色——南屏晚钟

黑色是最深的颜色，将光线全部吸收且没有任何反射，因此显得神秘而具有炫酷感。

黑色是一种具有多种不同文化意义的颜色。黑色的搭配是永远都不会过时的，一直装扮于人们的服饰。

然而，黑色有时候又有着令人溢于言表的感染力。黑色可以表达对宇宙的敬畏和向往，具有超越现实的梦幻和无穷的精神，黑色的存在本身显示着自身的力量，奠定了黑色在整个世界的地位。

"南屏晚钟"插画（杨翔 绘）

清·《南巡盛典名胜图录》之"南屏晚钟"

黑色是一种明度最低，但具有庄严、稳重的色彩。它给人有压抑、严肃的感觉，在某些场合会使人引起悲哀、险恶之感。

在文化意义层面，黑色是宇宙的底色，代表安宁，也是一切的归宿。"南屏晚钟"一景正是描绘夕阳西下，进入黑夜，万物沉静下来的静谧氛围。

（一）色：卖相——景点介绍

南屏山横亘于西湖南岸，山上林木苍翠，秀石玲珑。山上有一座净慈寺，位于南屏山慧日峰下，建于吴越国时期，原名"永明禅院"。

净慈寺位于雷峰塔对面，是西湖历史上四大古刹之一。

寺庙中轴线布局，有前、中、后三殿，其中大雄宝殿是主体建筑，采用重檐歇山屋顶，上铺黄色琉璃瓦，雄伟高大，在葱郁的丛林映衬下，蔚为壮观。

净慈寺"前殿"

净慈寺"大雄宝殿"

净慈寺"铜钟"

净慈寺"济公殿"外景

净慈寺建筑物很多，除三座大殿外，还有宗镜堂、慧日阁、济祖殿及神运井、双井、鳗井、万工池等。

寺内有口大钟，即"南屏晚钟"。

明太祖洪武年间（1368—1398年），铸了一口重约两万斤的巨钟，每日傍晚，夕阳西下，暝色苍茫，钟声在群山碧空中回荡，响彻云霄。由于南屏山空穴怪石较多，钟声在石穴中激荡共鸣，可传到十多里外。可惜在清朝末年，铜钟在战乱中消失，钟声沉寂。

直到1984年10月，在日本佛教界相助下，净慈寺重铸铜钟。1986年11月21日，中日佛教界人士400多人齐聚净慈寺，举行了隆重的大梵钟

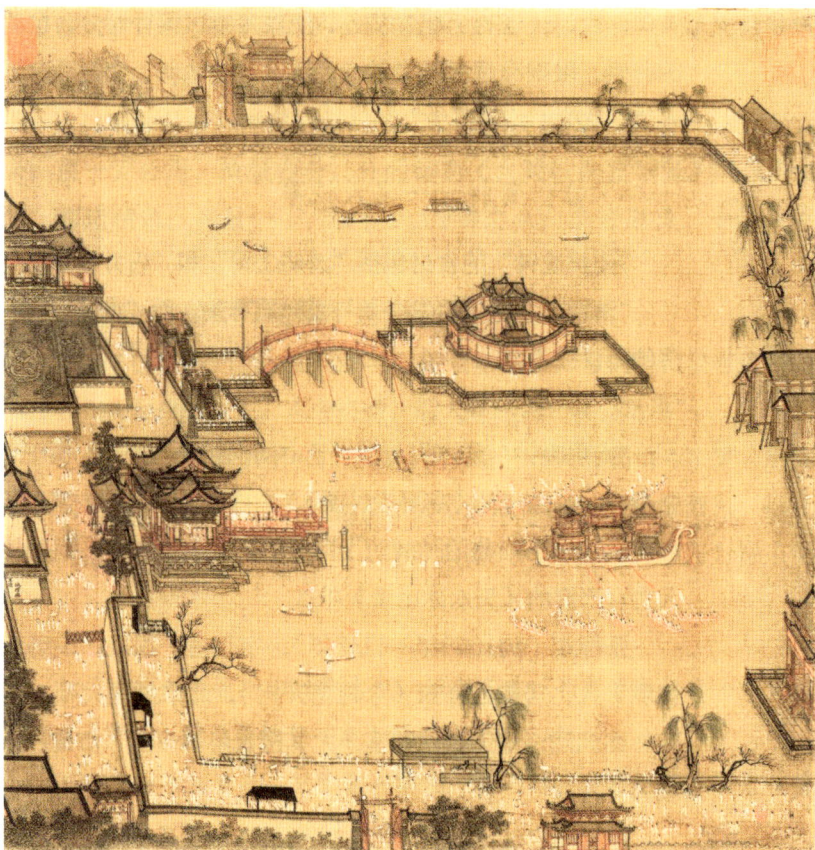

宋·张择端《金明池争标图》

　　"仙桥"右下方的"水傀儡""水秋千""乐船"的描绘，则将宋代的水上百戏表演呈现在观赏者面前。

　　《金明池争标图》中众多人物汇聚图上，虽然微小如蚂蚁一般，但仔细观察，人物比例恰当，姿态各异，神情生动，颇具艺术魅力。

　　而今天的主角——《清明上河图》则是张择端的"神品"名作，是中国绘画史上的煌煌巨作，是我国及世界绘画艺术的瑰宝。

　　《清明上河图》宽24.8厘米、长528.7厘米，绢本设色。作品以长卷形式，采用散点透视构图法，生动记录了中国12世纪北宋都城汴京的城市面貌和当时社会各阶层人民的生活状况，是北宋时期都城汴京当年繁荣的见证，也是北宋城市经济情况的写照。

　　张择端在《清明上河图》中描绘了沿汴河从郊野到汴京城内的风土

景致，有客栈、酒肆、茶坊、药铺、布店、公署、民居、寺观、楼阁、庭院等百余座建筑；牛、羊、骡、马、驴、骆驼等各种牲畜八九十头；大小船只三十余艘；以及京城内形态万千的百姓生活。图中涉及农工商渔牧业、水陆交通运输、宗教文化艺术、宋代建筑与人们的衣食住行。

《清明上河图》不仅仅是一件伟大的现实主义绘画艺术珍品，同时也为我们提供了北宋大都市的商业、手工业、民俗、建筑、交通工具等翔实形象的第一手资料，具有重要历史文献价值。其丰富的思想内涵、独特的审美视角、现实主义的表现手法，都使其在中国乃至世界绘画史上被奉为经典之作。

张择端的《清明上河图》如此巨制一定是有寓意的。那么《清明上河图》中的"清明"与"上河"是什么含义呢？

专家学者们通过对"清明"的考证，得出三种观点：①"清明节之意"；②"清明坊之意"；③"清明盛世之意"。

关于"上河"的含义主要有几种观点：①指"河的上游"；②"逆水行舟"之意；③"上坟"之意；④"赶集上街"之意；⑤作为专用名词，指"御河"。

千余年来，此画声名显赫，广受青睐，仿摹者众多。各地公私藏家手中还有许多摹本和伪造本。据统计，现存《清明上河图》有30多本，其中中国大陆藏10余本，中国台湾藏9本，美国藏5本，法国藏4本，英国和日本各藏一本。

按版本的年代来看，"宋本"作者张择端，原作现藏于北京故宫博物院，被称为《清明上河图》故宫藏本。

"明本"又称"仇英本"，是"吴门四家"之一，明代著名画家仇英，根据"清明上河"这一题材，参照"宋本"的构图结构，以明代苏州城为背景，采用青绿重设色方式，重新创作的一幅全新画卷，风格与宋本迥异。现藏于中国台北故宫博物院。

"清院本"是在乾隆元年（1736年）由清宫画院五位画家陈枚、孙祜、金昆、戴洪、程志道合作画成，可以说是按照各朝的仿本，集各家所长之作品，再加上明清时期特殊风俗，如踏青、戏剧、猴戏、特技、摇台等。同时，由于西洋画风的影响，街道房舍，均以透视原理作画，并有西式建筑列置其中。现藏于中国台北故宫博物院。

宋·张择端《清明上河图》（宋本）

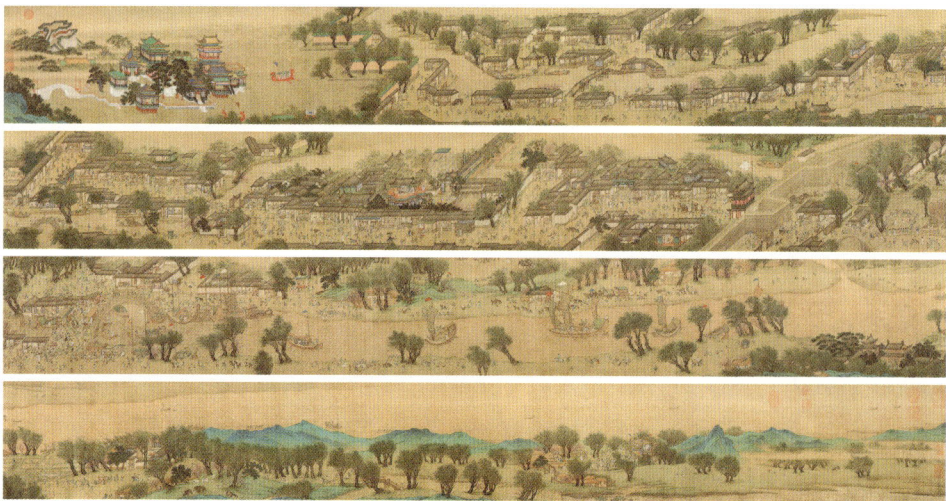

明·仇英《清明上河图》（仇英本）

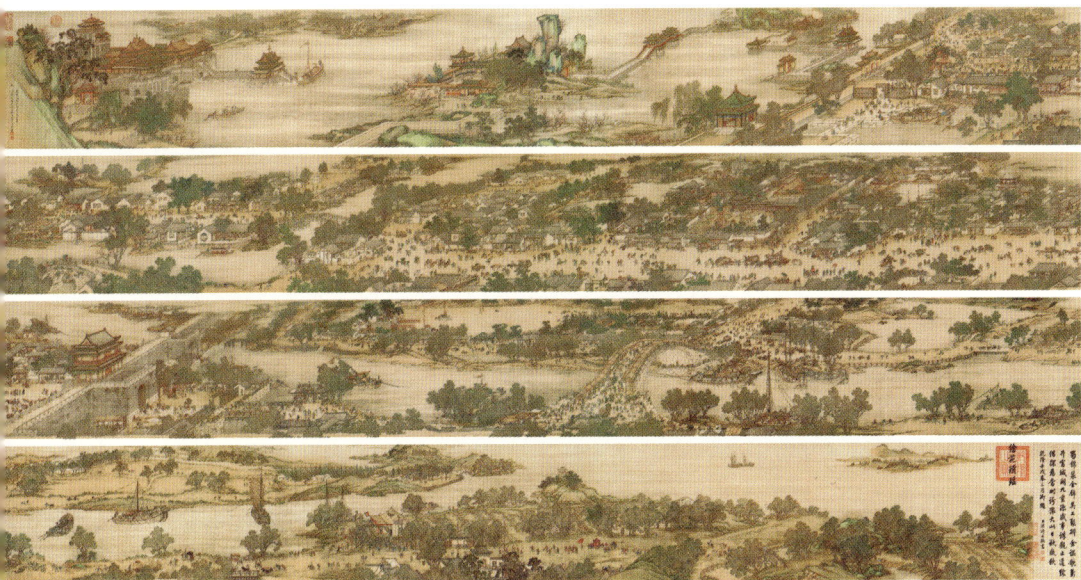

清·陈枚、孙祜、金昆、戴洪、程志道《清明上河图》（清院本）

2. 古"井"运木

净慈寺，当地人简称"净寺"，很有名气。这主要是由于济公在此留下了许多生动的故事。

相传济公初到净寺，发现这里可能要发生什么灾祸，于是他问当家老方丈："有事（寺）好还是无事（寺）好？"老方丈没有听懂，便不假思索地回答："出家人当然无事好。"

济公听了便长叹一声，说道："不好了，寺要被火烧了！"老方丈忙问济公有什么方法可以避免此灾祸？济公回答说："从今天起，由我来把门，不让妖孽来寺内肇事。"

一天，有一位女香客，装束华丽，欲入寺烧香拜佛，济公竭力阻拦不让她入寺。和尚们不解其意，就去告诉老方丈。老方丈出来见此情景，埋怨了济公一番，便让女香客进殿烧香。

不料这位女香客烧完香拜完佛，便不知去向，回头只见大殿已是火光冲天，不一会便被烧毁了。

原来这个女人是火神变的。

自从净慈寺被火烧光，寺里两三百个和尚没处落脚，一个个像无头苍蝇，乱碰乱撞；老方丈更是伤心，急得成天长吁短叹，捶胸顿足；只有济公，却像没事人似的，仍旧拖着破蒲鞋，摇着破扇儿，跑前跑后，嘻嘻哈哈。

这天，老方丈对济公说："道济，寺院烧成这个样子，你一点也不难过吗？"济公说："烧都烧光了，难过有啥用场？再盖座新的好啦。"

老方丈说："唉，盖座寺院谈何容易，要多少木头！一时间到什么地方去募化呀？"济公听了，哈哈大笑，说道："师父，这你不用愁了，一切都包在我身上。"

老方丈听了，心里想：莫看道济平时疯疯癫癫，到紧要关头，他却聪慧过人。前番怪我没有弄懂他的意思，烧了净慈寺，这次说不定他能募化到这许多木头哩。于是点点头，说道："道济，你就去化个善缘吧！"

济公听了，笑道："这我一定从命，只是我饿了，师父得请请我才对呀！"

老方丈叹了口气道："只要你能化到木头，吃什么我都可以替你办到。"

济公听了，赶忙说："说话算数。你就给我一坛老酒、两只狗腿好了。"

当下，老方丈差人买来一坛老酒、两只狗腿送给济公。济公笑得眼睛眯成一条缝，一手捧酒，一手拿肉，大喝大嚼了起来。等狗肉吃光，坛底朝天，已是醉醺醺的了。

他对老方丈说："师父，我去化木头啦，三天内，我把木头都背来，你等着吧。"说完，便一个筋斗翻进酒坛里——不见了。

济公这一筋斗，一下就翻到了四川。

他来到一家大乡绅门口，一个劲地敲木鱼。那乡绅听见门外木鱼响个不停，就出来问道："和尚，你从哪里来的呀？"济公回答说："我是从杭州西湖净慈寺来的。"

那乡绅听了点点头道："好远的路呀。你到我家门口来敲木鱼做啥？"济公说："因为我们寺院被天火烧了，知道你是个大财主，山上有的是森林大木，特地赶来向你募化一些木头去盖寺院。"

那乡绅问道："你要多少木头呢？"济公听了，敲着木鱼念道："少不成，多不要，不多也不少，喏喏喏，袈裟盖，袈裟包，盖住包住就够了！"

乡绅一看济公那件破得像丝瓜筋一般的袈裟，心里不禁暗暗好笑：哦，原来是个疯和尚呀！这件袈裟连枝树丫儿也包不了，我乐得做个善人，于是满口应承下来。

济公道声谢，忙从身上脱下袈裟，朝一座山头抛去。只见那袈裟随风长，随风大，一下子把整个山头都罩住了。那乡绅惊得目瞪口呆，做梦也没想到这疯和尚竟然有这样大的法力呀！不过自己已经有话在前，不好反悔了。

济公在山上挑选了一百株大树，砍了下来，顺着长江水放到东海，再漂进钱塘江。

江上把守关卡的见了，拦住木筏要抽税。

济公说："这钱塘江又不是你家的，凭什么要抽我的税？"把守关卡的说："和尚呀，山是皇上的山，水是皇上的水，随便什么货物经过水面上都规定要抽税。"

济公听了，笑嘻嘻地问："哦，原来如此！从水面上过要抽税，那么从水底下过要不要抽税呢？"

把守关卡的听到这疯话也乐了，就哈哈大笑道："和尚，木头只会浮不能沉，你若有本事叫木头沉到水底去，我就不抽你的税！"

话音刚落，只见济公双脚在木筏上用力一顿，"忽"的一下子，就连人带木筏一齐沉到江底去啦。把那个把守关卡的吓得连滚带爬，喊爷叫娘地逃走了。

净慈寺里的和尚，等了一天不见济公回来，再等一天还不见济公回来，一直等到第三天晌午，老方丈有点发急啦。猛不防济公从外面跑了进来，大叫大嚷道："木头到啦！木头到啦！"

老方丈慌忙出来，朝南屏大路上看看，什么也没有，还愣着呢，只见济公一把拉住他的手，大声叫道："师父师父，快跟我来！快跟我来！"

他们三脚两步奔到伙房前面那口"醒心井"的旁边。老方丈朝井内一看，果然有根又粗又大的木头，在水面上一冒一冒的。他高兴极啦，忙叫一些和尚在井上搭架子，安上辘轳吊木头。

这一来，轰动了所有和尚，大家一起动手，没一刻，就搭好了吊木架子。他们吊呀，吊呀，吊起一根又一根，整整吊了两天。

吊起第九十九根大木头时，不知哪个和尚说了声："够啦！"结果，井里剩下的那根木头就搁住啦，再也吊不动。这么一来，在造净慈寺时，大家量来算去，就少这么一根正梁。

后来净慈寺的正梁，是济公用刨花和木屑捏成的，有点儿凹凹凸凸，跟别的寺院的正梁很不相同。

"醒心井"因为曾经运过木头，后来人们便叫它为"神运井"，也叫

净慈寺"运木古井"

"运木古井"。这当然是神话传说，但也是民俗文化，它为净慈寺乃至西湖增添了不少文化色彩。

（三）香：飘万里——园林影响

圆明园的"南屏晚钟"是夹镜鸣琴景区中一个平面十字形的小亭子，它的西侧是供奉碧霞元君的广育宫。

圆明园"南屏晚钟"的内部有没有铜钟无从知晓，唯一模仿西湖的就是它选址在福海东南，与南屏山净慈寺同西湖的位置关系略为相似。

清·沈源、唐岱《圆明园四十景图之夹镜鸣琴》及其平面图

饭后甜点

花开红树乱莺啼，
草长平湖白鹭飞。
风日晴和人意好，
夕阳箫鼓几船归。

——宋·徐元杰《湖上》

在品尝完正宗的五道"杭帮菜"——"杭州西湖十景题名景观"之后，我们特意奉上与之匹配的清新饭后甜点——"植物景观题名"，让大家深入了解园林景观题名的起源和方法。

景观题名，简称景题，是指景区、景点以及园林建筑的命名。中国古典园林景观是自然的浓缩，是诗画的再现，是设计者思想意境的寄托，这些情感都浓缩在"景题"的点睛之笔上。

题名是中国古典园林极其重要的组成部分，不仅是园林景观主题的阐述，还起到说明、记录和提示作用，同时还可以传达出题名者对自然山水的欣赏、园主人的道德品格以及人生追求，渲染出园林景观的意境氛围，引导观赏者的视线和思绪，促进游人对园林景观意境的理解和感受。

由于中国古典园林包括山、水、植物、建筑等诸多要素，为了便于简要论述，本章以植物景观题名为例。

植物景观题名，是指对以植物为主体的景观空间的题名。因为植物是造园四大要素中唯一具有生命的要素，因而它的题名更加灵动，充满生机，在高度概括园林植物景观主题的同时，赋予景观诗情画意和文化底蕴，在园林植物景观创作中起到画龙点睛的艺术效果。

一、中国古典园林植物景观题名的历史变迁

（一）园林的生成期——商、周、秦、汉

中国古典园林的景观题名传统可追溯到上古时代，根据文献记载，尧舜时期就有刻石题碑的行为。《诗经·大雅》中对灵台的记载，被公认为是关于古代园林最早的文字记录。

中国古典园林形成初期，《诗经》中出现了许多关于植物的诗歌意象，如："蒹葭苍苍，白露为霜""桃之夭夭，灼灼其华"。

春秋战国时期，"梧桐园"之类以植物景观为主体的题名已经出现在了吴王宫苑中。

随后，"韭园""梨园"等以农作物为名称的园子，相继出现在秦汉时期的上林苑和云阳宫等皇家园林中。

（二）园林的转折期——魏、晋、南北朝

魏晋南北朝时期，皇家园林中的植物景观开始融入山、水、建筑等园林要素；同时，文人、隐士开始了造园活动；这一时期还出现了《南方草木状》《齐民要术》《竹谱》等植物专著，使得古典园林植物景观更加玲珑、精致。

但是，植物景观题名方式和前期相比，仍然以写实手法居多。

（三）园林的全盛期——隋、唐

隋唐时期，国家经济文化等比较繁荣发达，皇家园林和私家园林的建设达到了鼎盛阶段。

这一时期的植物种类选择不再局限于初期的瓜果、蔬菜等农业经济作物，更多地选择具有观赏性的植物，以植物景观为主的景点越来越多，它们的命名更加具有诗情和画意。

（四）园林的成熟期——宋、元、明、清初

宋元时期，关于植物景观的文献记载增多，如宋徽宗的艮岳里就有20多处以植物为主景的景观。还出现了"花圃""百花洲""雪香径"这种比较意象的题名形式。

明清时期的造园活动达到了历史的巅峰，文献中记载的植物景观题名更加丰富完整。

这一时期，见于记载的以植物景观为主的景点明显增多，命名不同于早期的两个字和三个字，开始出现大量的四字组合，并大量运用对仗、比喻、托物言志等手法，将题名从生境、画境层次推向了意境。

（五）园林的成熟后期——清中叶、清末

中国古典园林的成熟后期，不仅沉淀了古典园林优良的传统技艺和文化底蕴，同时也显露了中国古典园林体系中的瑕疵，在造园活动发展相对缓慢中出现了一些衰落的迹象。

这个时期，无论是皇家园林还是私家园林，都涌现了大量的以植物为主题的景观题名。

与此同时，伴随着大量的私家及文人园林的出现，五字植物景观题名受到文人墨客的青睐，它能更详尽地表达造园者的情怀和喜好，但不及四字以及双字、三字景题的精炼。

中国古典园林各历史阶段的著名植物景观题名

历史阶段	皇家园林		私家园林		其他园林	
	园名	景题	园名	景题	园名	景题
生成期	吴宫	梧桐园	—	—	—	—
	上林苑	韭园（野韭泽）				
	云阳宫	梨园				
	梁园	蒹葭洲、修竹园				

历史阶段	皇家园林		私家园林		其他园林	
	园名	景题	园名	景题	园名	景题
转折期	铜雀园	蔬圃	谢灵运山居	竹园、杏坛、柰园、橘林、栗圃	—	—
	华林园	百果园、蔬圃、柰林				
	青溪宫	桃花园	药圃	芍药园		
	仙都苑	三松岭、修竹浦				
全盛期	禁苑	梨园、葡萄园、樱桃园	辋川别业	斤竹岭、木兰柴、辛夷坞、官槐陌、竹里馆、茱萸沜、柳浪、宫槐陌、漆园、椒园	曲江	芙蓉池 杏园
	华清宫	芙蓉园、粉梅坛、石榴园、东瓜园、椒园、梨园、看花台、牡丹沟	袁象先园	松岛		
			集贤园	杏花岛、樱桃岛		
			三堂	竹洞、竹溪、花岛、柳溪、竹径、荷池、稻畦、花源		
			西池	木瓜岛、蔷薇洲、柳堤		
成熟期	艮岳	梅岭、杏岫、椒崖、龙柏坡、斑竹麓、海棠川、万松岭、蟠桃岭、竹岗、桐径、松径、雪香径、柳岸、蜡梅屏、辛夷坞、橙坞、榴花岩、枇杷岩、芦渚、梅渚	独乐园	花圃、采药圃	西湖	曲院风荷 花港观鱼 柳浪闻莺
			湖园	百花洲		
			梦溪园	百花堆、杏咀、竹坞		
			郡圃	梅坡		
			云谷	药圃、桃溪、竹坞		
			圭塘	松竹径、桃李蹊		
			狮子林	五松园		
	延福宫	杏岗	淳朴园	松风岭、藕花湾		
	琼林苑	石榴园、樱桃园	东庄	果林、稻畦、麦山、朱樱径		
	后苑	小桃园、杏坞、柏木园、梅岗	小洞庭	橘子林、藕花洲		
	德寿宫	松菊三径、梅坡	西园	桃花坞、梅岭、菊畦、荻岸		

历史阶段	皇家园林		私家园林		其他园林	
	园名	景题	园名	景题	园名	景题
成熟期	御花园	连理柏	僻园	万竿苍玉、双株文杏、锦谷芳丛、金粟幽香、高阁松风、方塘荷雨	西湖	曲院风荷花港观鱼柳浪闻莺
	万岁山	百果园	归园田居	杏花涧、紫藤坞、杨梅隩、紫薇沼		
	西苑	蕉园、南花园、桑园	何氏园	茶坡、花坞、杏林、桃蹊、竹径		
	畅春园	松篁深处、丁香堤、桃花堤、芝兰堤	王氏拙政	柳隩、听松风处、桃花沜、湘筠坞、瑶圃		
	避暑山庄	万壑松风、松鹤清樾、梨花伴月、曲水荷香、青枫绿屿、香远益清、金莲映日、万树园	真适园	香雪林、蔬畦、菊径、稻塍		
			弇山园	香雪径、金粟岭、借芬		
			寓园	松径、樱桃林、柳陌、梅坡		
			横山草堂	竹露松风、可稼		
成熟后期	静宜园	听法松、绚秋林、绿筠深处、松坞云庄、万松深处、芙蓉坪	拙政园	枇杷园、海棠春坞、梧竹幽居、荷风四面亭	潭柘寺	梨树院竹林院松竹幽清
			耦园	篔筜径、桃屿		
			复园	暗香疏影		
	静明园	风篁清听、翠云嘉荫、芙蓉清照、竹炉山房	江村草堂	金粟径、修篁坞、蔬香园、红药畦、菊圃	瘦西湖	修竹丛桂
			遂初园	竹深荷静		
			网师园	小山丛桂轩、看松读画轩、竹外一枝轩		

二、中国古典园林植物景观题名的方式

随着景题字数的增加，植物景观题名的形式和内容都变得更加丰富复杂，它的语法结构不只是单纯的主谓并列式，还出现了偏正、动宾结构，内容上从简单写实到更加具有文化内涵和深远意境。

（一）植物景观题名方式分类

1. 双字景题

两个字的景题形式，主要是"植物名称（别称、美称）＋场地名（代称）"组合。例如：竹溪、梅岭、稻畦、麦山等。

这种景题方式不仅简单明了地描述了植物景观特色，同时表现出植物的种植方式，能通过景题了解到各个时期的园林植物种类以及植物生长习性。

例如："稻畦"，就表明稻子的种植方式是一畦一畦地列植；"麦山"，则表明麦子是在山上片植的方式；"荻岸"，即为荻丛植在水岸边。

双字景题大多数是"植物名＋种植地"的写实形式，有时还会简明扼要地引经据典，以达到画龙点睛的艺术效果，如："可稼"，出自宋朝诗人刘克庄《六言五首为仓部弟寿》中的"薄田足可躬稼，馀俸尚堪买山"；"借芬"，出自宋朝诗人廖行之《次韵酬郭承禧》中的"春兰秋菊借芬馨，蚯蚓苍蝇许赓和"。

2. 三字景题

三个字的景题主要包括几种形式："植物名（双字植物名）＋地名"，如"蒹葭洲"等；"形容词＋植物名＋地名"，如"粉梅坛""香雪径""修竹园"等；"植物名＋其他事物＋地名"，如"松月台""松风岭"等；也有少量"动宾结构修饰短语＋植物名"，如"听法松"。

相较于二字景题，三字景题结构更加丰富，表达意象更加灵活多变，可以融入偏正结构、动宾结构、并列式结构等。

除了描述景观空间，还可以引经据典增加景观的意境氛围，例如"蒹葭洲"，源自《诗经》"蒹葭苍苍，白露为霜"的艺术描写。

也可以融入五感，从听觉、视觉、味觉、嗅觉、触觉等角度浓缩植物景观的精华，如"香雪径"，"香"从嗅觉上、"雪"从视觉上表现出了一条馨香、开满白花如雪的小径。

此外，还可以融入季相变化，用命名的形式定格植物景观最美的视觉效果，如"绚秋林"等。

3. 四字景题

四个字的景题形式更加丰富，囊括了前面所说的所有语法结构以及意象表达手法，但更加讲究对仗整齐，韵律和节奏，朗朗上口，意境更深远，引人入胜。如"暗香疏影""柳浪闻莺""梧竹幽居""香远益清"等。

其中，"暗香疏影"中的"暗"对"疏"、"香"对"影"，用"暗香"和"疏影"来互相衬托，从嗅觉和视觉上营造出了迷人的月夜，疏落的枝影传来幽暗清香的景观氛围。

景题结构形式主要有主谓式、并列式、动宾式、偏正式等。

主谓式是"植物景观意象 + 其他意象"，如"万竿苍玉"，"万竿"是一片竹林的意象，"苍玉"用比喻来形容竹林翠绿如玉的景观效果。

并列式是"两个植物景观意象并列组合"，如"竹露松风""锦谷芳丛"。

动宾式是"（状语）＋动词＋宾语"，如"听松风处""层岩飞翠"。

偏正式是"定语＋植物"，如"四面芙蓉"。

4. 五字景题

五字植物景题相较于四字景题，内容更加充实，结构更加灵活，丰富了中国古典园林中植物景题的形式。

五字植物景题的结构主要是"四字定语 + 地名"，四字定语又可以分为三种，即动宾式、并列式、偏正式。

动宾式结构又分两种：一种是两组动宾结构并列，如"看松读画轩"，"看松"与"读画"并列修饰"轩"；另一种是一组动宾结构，如"闻木樨香轩"。

并列式的结构也分为两种：一种是两组植物意象并列修饰，如"露梢枫叶轩"；另一种是"一种其他园林意象 + 植物意象"并列修饰，如"小山丛桂轩"。

偏正式的语法结构为"植物意象 + 量词 + 地名"，如"荷风四面亭""竹外一枝轩"。

景题字数	常用植物						
	竹	柳	荷	桃	松	梅	其他
双字景题	竹洞、竹溪、竹岗、竹坞、竹径	柳浪、柳溪、柳堤、柳岸、柳隩、柳陌	荷凼、莲池	桃溪、桃蹊、桃屿	松岛、松径	梅坡、梅岭	花源、稻畦、麦山、菊畦、荻岸、茶坡、花坞、瑶圃、蔬畦、菊径、稻塍、借芬、可稼、菊圃、杏岫、杏岗、杏坞、杏咀、杏林
三字景题	修竹园、修竹浦、松竹径、斑竹麓、竹深处、篑筤径、修篁坞、斤竹岭、湘筠坞、森玉笏	—	采莲渡、藕花湾、藕花洲	桃李蹊、桃花坞、桃花沜、桃花堤	三松岭、松月台、松风岭、听法松、称松岩	粉梅坛、梅花坞、香雪径	蒹葭洲、牡丹沟、蔷薇洲、百花洲、苹香汧、芙蓉隈、杏花涧、玫瑰柴、蔷薇径、芭蕉槛、桂花屏、芙蓉坡、朱樱径、橘子林、紫藤坞、杨梅隩、紫薇沼、香雪径、金粟岭、丁香堤、芝兰堤、绚秋林、芙蓉坪、艺蔬圃、垂青樾、金粟径、蔬香园、红药栏、菡萏榭、蜡梅屏
四字景题	万竿苍玉、竹露松风、松篁深处、绿筠深处、风簧清听、梧竹幽居、竹深荷静、莲风竹露	柳荫曲路、柳浪闻莺、长堤春柳、柳湖春泛	方塘荷雨、暗香疏影、曲水荷香、金莲映日、香远益清、曲院风荷、芰荷深处、莲风竹露、荷蒲熏风	桃源深处	松菊三径、高阁松风、听松风处、竹露松风、万壑松风、松鹤清樾、溪月松风、菊秀松蕤、万松叠翠	梅岭春深	锦谷芳丛、金粟幽香、翠云嘉荫、花木翳如、双株文杏、花月玲珑、海棠春坞、层岩飞翠、四面芙蓉
五字景题	竹外一枝轩	—	荷风四面亭	—	看松读画轩	雪香云蔚亭	小山丛桂轩、闻木樨香轩、露梢枫叶轩

（二）杭州西湖景区园林植物景观题名方式分析

杭州花圃中的"兰苑"与"荷塘"，采用了双字植物景题的命名方式："植物名＋场地名"。其中"苑"意指学术、文艺荟萃之处，"兰苑"这一地名意指其功能，而非种植地。

灵隐寺庙群里的"莲花峰"、花港观鱼的"牡丹亭"和"芍药圃"、抱朴道院的"红梅阁"则是采用三字植物景题"双字植物名称＋地名"

的命名结构，清晰明了。

而灵隐景区的"紫竹林"则在基础结构上添加了偏正结构，"紫"意喻祥瑞，紫气东来，用"紫"来修饰寺庙外的一片竹林，更加丰富了竹林的神秘色彩和祥和的景观氛围。

曲院风荷景区的"竹素园"将偏正结构倒置应用，即"植物名+形容词+地名"，将"素"放置"园"字前，则更加强调了整个园子素雅的植物景观风格，而不仅仅局限于"素竹"的清雅。

因四字植物景题自明清起备受追崇，所以西湖景区中留存了大量的四字植物景题。

如南宋的"曲院风荷""花港观鱼""柳浪闻莺"等，元代的"六桥烟柳""九里云松"，清代的"蕉石鸣琴""苏堤雪柳"，1985年评选出的"满陇桂雨""龙井问茶"，2007年评选出的"万松书缘"都沿用了宋代画名的四字景题形式，且内容大多是植物景观加诗词歌赋以及神话故事的引用，从而烘托意境氛围。

西湖各景点中关于植物景观题名的形式可分为四大类，即：并列式、动宾式、主谓式、引经据典式。

其中"鱼沼秋蓉""莲池松舍""云溪竹径""苏堤雪柳""孤山雪梅""六桥烟柳""九里云松""满陇桂雨""凤岭松涛""曲院风荷""九溪烟树"等属于并列式，其命名结构为"植物景观意象+其他景观意象"。

如"鱼沼秋蓉"即为秋天的芙蓉花景观加上鱼塘景观意象。两个意象的关系，一般是其他景观意象做陪衬，植物景观意象为主的命名结构。这种并列式结构里融入偏正结构，从季相、时相、五感等角度来更加具象地形容物象，如"秋蓉""桂雨""烟柳""雪柳""云松""松涛"等，使景题更加优美传神。

"龙井问茶""柳浪闻莺""西溪探梅"是动宾结构，它们的形式结构是"状语+动词+宾语"。

其中，"柳浪闻莺"的"柳浪"形容柳枝随风摆动的起伏状态，动宾结构的景题更具有动感美，使整个植物景观画面更加生动活泼。

"梅林归鹤"是主谓结构，它的主宾一般倒装，形式是"宾语+动词+主语"，意思指鹤飞回到梅林，主谓结构和动宾结构表达效果相似，都具有十足的动感。

"万松书缘"则应用了引经据典的景题方法，它原名本叫"万松书院"，因为梁山伯与祝英台的经典爱情故事，把"院"字，改成"缘"字，一个"缘"字绝妙地叹尽整个梁祝故事的凄美。

　　五字植物景题在西湖景区罕见，唯有郭庄中的"乘风邀月轩"和"赏心悦目亭"，虽然不是以植物景观为主题的题名，但其命名方式仍遵循五字植物景题的规律，即动宾并列式，类似于"看松读画轩"。

不同时期的西湖植物景观题名

景题字数	时期	景区或景观集称	景观题名
双字	1954年	杭州花圃	兰苑、荷塘
三字	东晋	灵隐寺庙群	莲花峰、紫竹林
	清	竹素园、花港观鱼、抱朴道院	竹素园、牡丹亭、芍药园、红梅阁
四字	南宋	西湖十景	曲院风荷、花港观鱼、柳浪闻莺
	元	钱塘十景	六桥烟柳、九里云松
	清	西湖十八景	梅林归鹤、鱼沼秋蓉、莲池松舍、蕉石鸣琴、凤岭松涛、西溪探梅
		西湖八雪景	苏堤雪柳、孤山雪梅
	1985年	新西湖十景	满陇桂雨、九溪烟树、龙井问茶、云溪竹径
	2007年	三评西湖十景	万松书缘

三、中国古典园林植物景观题名的艺术特色

　　中国古典园林中植物景观的营造讲求师法自然、诗情画意并富有人文精神。植物景观通过景题的点题，往往可以虚实相生并创造出景外之景，同时引人产生景象外的有关情感或联想，这也就是植物景观题名所创造出的意境。

结合上面的分析，我们对中国古典园林植物景观题名的艺术特色归纳如下，希望能促进大家游览时对风景名胜的理解，并为现代园林设计提供一些参考。

（一）追求意境

纵观中国古典园林植物景题，多数都蕴含着造园者对自然山水的崇尚，同时还饱含了造园者的志趣与情操。

在园林景观题名过程中，只有充分了解并欣赏植物景观空间在不同时令的具象特性，结合园林景观深厚的文化底蕴，再运用景题的表达方式和表现技巧，才能达到神来之笔的点睛效果。

植物景题除了描述景物或优美或壮丽的特征以外，造园者还经常采用引经据典的修辞手法，把诗词歌赋中的故事、美景、情感寓意于景题中，以此让游览者领悟到造园者的"弦外之音""言外之意"。

景题从最初朴实无华的写实手法到后期融汇诗画的写意手法，充分彰显了中国古典园林植物景题中所蕴含的自然意境和审美情趣。

以著名的杭州西湖十景为例，其中"苏堤春晓""柳浪闻莺""曲院风荷"是描绘植物景观的。

南宋时"苏堤春晓"是西湖十景之首，即便景题中没有出现具体的植物名称，却能让人脑海里浮现出这样的景象：初春的西湖，乳燕呢喃，草长莺飞，暖风习习，鹅黄色的柳条拂水，杨柳依依，碧桃吐蕊，苏堤上一派桃红柳绿、春意盎然的景象。

"柳浪闻莺"也描绘了类似景象：微风轻拂，柳丝轻扬，枝梢莺啼婉转，简单四个字把春机盎然的意境表达得淋漓尽致。

"曲院风荷"也不禁让人联想到"接天莲叶无穷碧，映日荷花别样红"的夏日景象：游人在翘角亭下，乘着习习微风，在明媚的夏日看荷花吐露芳华。

（二）讲求含蓄

中国古典园林的植物景题表达的情感大多是含蓄的，只有含蓄，将"露"与"藏"进行辩证统一，才能让游览者和造园者达到"心有灵犀一点通"的趣味。所以，造园者有时会刻意营造留白空间，让观赏者发挥自己的无限想象，这种"犹抱琵琶半遮面"式的游览趣味不光表现在景观空间，还表现在造园者精心设计的植物景题的意境空间里。

古典园林植物景观题名之所以具有含蓄的艺术特色，还在于它深受诗、画的熏陶。诗讲究"不著一字，尽得风流"；画强调"意贵乎远，境贵乎深"。

如"香远益清"，与其说是对景观的描绘，不如说是对作者自身情操的刻画。此处其实是取自于周敦颐《爱莲说》中"香远益清，亭亭净植"，表现出荷花出淤泥而不染的清廉特性，伴随悠远清淡的香气、幽静安详的氛围，自身品格也在不经意间凸显了出来，却又委婉含蓄。

（三）力求音、形、义俱佳

中国古典园林植物景题从写实升华到写意，是诗词创作最精炼的表现形式，与此同时还追求歌谣的节奏与韵律，通过把不同声调（平声、仄声）相互搭配，或仄起平收，或平起仄收，达到抑扬顿挫的声韵效果。

如"万壑松风""柳浪闻莺""竹深荷静""柳湖春泛"等都对平仄把控得恰到好处，抑扬顿挫，读起来朗朗上口。

中国古典园林植物景题在字形上也追求统一与变化的辩证关系，大多采用不同的偏旁部首。过多一致的偏旁部首，会使人觉得单调乏味。景题的笔画数与字数都应当适中，多采用易念、易记的二、三、四字景题。

古典植物景题的义包含本意与寓意。本意是指景题初期的写实描述、记录，强调它的功能；而寓意则是宋代以后造园者将景题诗意化营造出的美景氛围，寄予了造园者的志趣、思想以及愿景，给本来是一个工具的植物景题赋予了生命力和充沛的感情。

综上所述，与西方园林相比，中国园林中的景题是整个景观空间的点睛之笔，凝聚了造园者的情感和思想精髓，因而更具有人文色彩。

而植物是园林中唯一具有生命力的要素，它随着时令、周边环境甚至人物心情动态发生丰富多彩的变化。植物景观题名是整个植物景观空间的灵魂所在，引导观赏者的感观，拓展观赏者的思绪，从感观延伸到对景观文化内涵的体味。

在对以植物为主体的园林景观命名时，应深刻挖掘和发扬源远流长的中国古典文化和当地特色文化，再根据设计者追求的艺术效果，从行文上选择合理的字数、语法结构和表达方式，使得景观题名优美灵动、对仗工整，展示出景观独特的文化性和艺术性。

端茶送客

　　我国古代有"端茶送客"的习俗，主客相见，仆人献茶，主人认为事情谈完，便端起茶杯请客人用茶。客人嘴唇一碰杯中的茶水，仆人便高喊："送客!"主人于是站起身来送客，客人也自觉告辞。

　　这样的习俗，避免了主人想结束谈话又不便开口、客人想告辞又不好意思贸然说出的尴尬，这就是古代"端茶送客"的典故，这也是茶用于古代日常交往的典型案例。

　　而这个典故出自哪里呢？其实，端茶送客最早源于官场。

　　官场上等级制度森严，讲究礼仪规矩是最基本的为官之道。

　　清朝时，下级拜见上级，上级都会叫人奉茶，这是待客之道。下属呢，不能真地拿起来就喝，应该在落座之后，等上级做出摆手请茶的姿势，上级先尝一口之后，才会喝茶。

　　如果上级觉得与下属无话可聊了，不好直言就会端起茶碗抿那么一下，或者举起茶碗装作喝茶的样子，以示意下级该走了。

　　上行下效，当官场流行一段时间后，端茶送客就沿袭到民间。

　　现在有些讲究的人家，还是如此。

有的主人很含蓄，不会说什么，但会做出动作。

这种"端茶送客"的方式对于当今仍有借鉴意义。

无论是亲戚还是朋友，当主人给你沏了茶，不是自觉主动给你倒茶，而是问你还要不要添茶时，你就应该明白，是时候该离开了。当主人频繁看时间也是一种潜在送客的方式。这种含蓄的表达方式不可不知，尤其是很讲究的人家，更要注重礼节。

中国的茶文化渊远流长，要学的还有很多，有些礼节还是知道为好，免得闹笑话。

这次宴席已到尾声，陈博士还有几句临别赠言。

首先是回望初心。

古语有云："不忘初心，方得始终。"

初心，就是开始的感情，即本意。唯有不忘初心，才能追根溯源、坚定信念。"立志不坚，终不济事"，所以我们要秉持着"咬定青山不放松"的坚定与执着，向着最初的目标前进。

陈博士作为"浙派园林"研究与推广开拓者，希望将"浙派园林"的无穷魅力更好地展现给大家，并为您展现多姿多彩的浙韵园林生活。所以今天我为大家带来的是"陈博士说园林"科普系列丛书中的第二部——中国山水美学思想的永恒典范——"杭州西湖十景"及其故事与影响。

出版本书的目的，就是希望通过梳理西湖文化景观数千年发展演进的基本脉络，挖掘西湖十景里那些人们知道或者不知道的文化内涵，为美好生活新时代追求品质生活的人们提供一些精神食粮，最终实现"让园林文化流行起来，让园林生活成为时尚"的目标。

但不得不指出的是，西湖十景虽小，但几乎涉及中华传统文化的方方面面，是一部全景式的百科全书。本书介绍的仅仅是冰山一角。

同时，由于本人学识所限，书中难免有不妥甚至错误之处，恳请业内专家和广大读者批评指正！

回望过去，"浙江省浙派园林文旅研究中心"扬帆起航，毅然肩负起"传承发展浙派园林文化，开拓引领浙韵生活风尚"的时代使命。一路走来，我们之所以"过得很充实、走得很坚定"，就是因为心怀梦想、奋力追梦，让"浙派园林"号航船劈波斩浪、稳健前行。

心怀梦想、奋力追梦，才能砥砺坚韧意志，激发接续奋斗的责任担当。今天，"浙派园林文旅研究中心"站在新的起点上，新时代、新征程，祖国亿万人民正为实现中华民族伟大复兴的中国梦而拼搏。今天的我们只有勇做追梦人，一棒接着一棒跑，才能迎来"放眼昆仑绝顶来"的明天。

在这个属于奋斗者的新时代，人人都有追梦的权利，人人也都是梦想的筑造者。我们"浙派园林文旅研究中心"是一个开放共享的平台和实现自我的舞台，我们欢迎每一位有理想、有抱负、有情怀、有担当的追梦人加入进来，携手同行，让以"浙派园林"为代表的浙江优秀传统文化惠及全省，并逐步走向全国乃至全世界！

最后是表达谢意。

在本书出版之际，陈博士谨向所有帮助本书构思、撰写、绘图、编辑、出版的人们致以衷心感谢！

特别感谢苏州市风景园林学会首批终身成就奖获得者曹林娣老师对本书写作的指导和帮助！感谢王月瑶小伙伴在本书初稿撰写过程中的创意和辛劳！感谢杨翔小伙伴为西湖十景绘制了精美的插画！感谢中国电力出版社梁瑶、曹巍两位老师对本书编辑出版的支持和付出！感谢所有浙派园林研究与推广事业中志同道合的战友们！感谢"浙江广厦建设职业技术大学科研启动经费资助项目"对本书的资助。

好了，今天就聊到这里，茶已过三巡，陈博士"端茶送客"！咱们改日再聚！

陈波

2023年9月

于杭州浙韵居